圣严法师◎著

禅的世界

华东师范大学出版社

图书在版编目（CIP）数据

禅的世界／圣严法师著. —上海：华东师范大学出版社，2014. 2

ISBN 978－7－5675－1755－4

Ⅰ. ①禅…　Ⅱ. ①圣…　Ⅲ. ①禅宗－人生哲学－通俗读物　Ⅳ. ①B946. 5－49

中国版本图书馆 CIP 数据核字（2014）第 025409 号

禅的世界

著　　者　圣严法师
项目编辑　许　静　储德天
特约编辑　邱承辉
审读编辑　彭泽蔚
封面设计　吕彦秋

出版发行　华东师范大学出版社
社　　址　上海市中山北路 3663 号，邮编 200062
网　　址　www. ecnupress. com. cn
电　　话　021－60821666　行政传真 021－62572105
客服电话　021－62865537（兼传真）　门市电话　021－62869887（邮购）
地　　址　上海市中山北路 3663 号华东师范大学校内先锋路口
网　　店　http：//hdsdcbs. tmall. com

印 刷 者　北京京都六环印刷厂
开　　本　880×1230　32 开
印　　张　8
字　　数　180 千字
版　　次　2014 年 5 月第 1 版
印　　次　2016 年 7 月第 2 次印刷
书　　号　978－7－5675－1755－4/B. 832
定　　价　26. 00

出 版 人　朱杰人

（如发现本版图书有印订质量问题，请寄回本社市场部调换或电话 021－62865537 联系）

禅的世界

目 录
Contents

自　序

在本书之前，我曾出版过类似的三册书：《禅的生活》、《拈花微笑》、《禅与悟》，都跟禅修的方法及禅修的观念有关，十年以来，颇受许多读者的喜爱。这也反映出禅修的风气，已在海内外的华人社会，渐渐地推展开来，深感欣慰。

以美国为例，禅修曾经成为一时的风尚，知识分子学禅坐，大学生学禅坐，许多的中学也以正式的课程，教授青少年学生打坐。那是因为美国的社会情况稳定，经济成长正常，故在物质生活之外，便将追求精神领域的发展，作为他们的生活目标。

有关禅修的书籍，今天能受到我国各界人士的重视，相信也跟国内的社会结构及经济发展有关，所以我能连连出书，也为我们的国家备感高兴。

本书共收文稿二十九篇，长的约一万余字，短的两三千字，多是从我在国内外东西两半球的演讲录音整理出来，也多曾在《人生》及《法鼓》等刊物发表。我很感谢那些为我整理录音带的僧俗弟子，如果不是他们已把稿件写出，我是不可能将之撰写成书的。

不过，我的演讲用语及其组织，距离文章的要求，是相当远的，弟子们费心整理出来的讲稿，多半虽曾经我过目，却也多半未能多花时间亲自予以润色补充。这趟我于 1993 年 10 月 14 日来美之时，由东初出版社的丛书执行编辑刘德如博士，将她搜集到的一大包稿件交给我随身带到了纽约，一直置于案头，总是无暇伸手去碰它们。

到了 12 月 12 日，我才下了决心，将这包稿件细心阅读一遍，然后逐篇、逐句、逐字，给予删修增订。往往一篇四五千字的稿子，也要花我四五个小时的修改，几乎有百分之二十到百分之八十的文句，都是重新写过。仅有少数几篇，文字颇为通顺，虽然不太像是我的文章，也让它们保留了原样。

本书各篇之间，只有思想与目标的统一性，并没有篇与篇之间的连贯性；可以连续逐篇地读完，也可以单篇前后地抽读。正因为本书所收各篇，是在各地不同的场合讲出，每篇各有其特色，但是也有若干资料内容，在全书的各篇之中，重复出现了一至两次，以保持各自成篇的完整性。

本书的内容性质，是以禅法的观念及禅修的方法，通过深入的体验及简明的介绍，推广到人间的现实生活中来，以期使得不论年龄性别、职业层次、教育程度的社会大众，都能分享得到禅法的利益。若能定时禅修者，本书中提供了基本的禅坐方法；若是忙碌异常的人士，也不妨试着用本书中介绍的禅修观念，调整自我、消融自我。从三分钟的放松身心，到平常日用中的照顾身心，更见简便实用的禅修方便。

本书的目的，是通过禅法的功能，来推动心灵环保、生活环保、自然环保，以期实现法鼓山的理念：“提升人的品质，建设人间净土。”

本书是我近十年来，在世界各地弘扬禅法的实录和缩影；读完本书，也等于陪着我做了几年护法、闻法、学法的努力。其实，除了无法感受到临场的气氛之外，本书各篇的内容，都比讲出之时更加明朗与充实。这也正是我要在繁忙中，抽出十天的时间，夜以继日地亲自修订改写的主要原因，为了对我自己的演讲负责，心血的投入还是值得的。

最后要谢谢数年来各地方的善友们给了我演讲的机会。谢谢尤果会、卢果乘等几位居士为我誊稿，姚果庄居士在这十天之间，不眠不休，以惊人的抄写速度及校阅速度，完成了本书的清稿。当然，青年名画家陈永模在百忙中，为我作画，使本书增光；东初出版社的代主任果在沙弥尼、主编潘果崧、美编许荣发及丛书编辑张敏琪等人，都为本书的出版奉献良多，一并在此申谢。

1994 年元月，我将书稿带回台北，

4 月 17 日自序于农禅寺

禅坐的基础方法

一、如何使用方法

（一）放松身体

1. 头部

（1）眼睛不用力就是放轻松，无论是睁眼或闭眼，不用眼球看，不用眼珠想。

（2）脸部肌肉松弛，从心里有股安定的喜悦生起，表现在脸上，有松弛的感觉。如果脸部的表情僵硬或者拉长脸，乃至于故意假装笑脸的样子，都是紧张而非放松。为什么会紧张呢？例如：恐惧、忧虑、动脑，或用脑过度、兴奋、得意。若能心平气和，就不会紧张。

（3）头不紧张，特别是前额。脑门要放轻松，不用头脑想或注意，而是以轻轻松松的态度数呼吸。

2. 身上肌肉、关节、神经、骨骼，要全部放松，除了臀部有重量的感觉以外，没有其他地方觉得有重量，任何地方都是非常的轻松。

3. 腰挺直以后，小腹放松，腰也没有紧张或重量的感觉。

（二）用方法的目的

用功打坐是将心中的妄想杂念沉淀下来，一心一意地用方法。

什么是方法呢？就是能使我们身心放松、安定，妄念渐渐减少的手段。什么是妄念？就是胡思乱想或是杂念。例如：不要想的事情偏偏在想；不希望出现的念头又不听使唤地出现；念头混乱不统一，这就是妄想。要达到没有妄想杂念确实不易，因此必须使用方法：第一，注意鼻孔呼吸的出入；第二，从一到十，数呼吸出入。如此用方法，心才有所寄托，杂念才会愈来愈少。

（三）数息的方法

1. 注意呼吸：仅注意呼吸从鼻端出入的感觉而不数数目。这种注意呼吸的出入，尚会打妄想，因此须数呼吸的出入。

2. 数呼吸的出入：

（1）先感觉呼吸是从鼻孔出入。

（2）气从鼻孔出去时，就数一个数字，吸气时不管。

（3）当数目出来时，心念就贴在数目上，一直跟随到第二口气出去时，再数第二个数目；如此一口气一口气地数，数到十再从一数起。

（4）数呼吸时不要经常去注意呼吸。仅仅是在呼吸时，知道鼻孔有气息的出入，然后就不注意鼻孔，而将注意力转移到数目上，将心念贴在数目上。

（5）数数目时，可以有声音的想像，不可有数目“字”的形象。

（6）不用头脑很紧张地数数目，而是用“有心无心”的心去数。

（四）数息易犯的毛病

1. 不易数好。

2. 有些人数不到几个数字，数目就数乱了，甚至数忘了。

3. 有些人数数超过十还不知道已经数过头了。

凡是类似以上情况者，须从“一”再数起。

4. 数呼吸时，产生胸闷、头痛，其主要原因是：

（1）用头脑想。

（2）呼吸忽长忽短。

（3）控制呼吸的速度（快、慢），以防杂念出现。

（4）闭气。

（5）腹部肌肉紧张。

（五）数息的益处

1. 数息安心。

2. 数息去妄念。

3. 数息能逐渐将杂念、妄想、散心很快地平静、安定、稳定下来。

4. 数息能使心一片清净、明朗。

（六）对初学者的忠告

1. 不可好高骛远、起贪心，不可希望一下子就没有妄想、杂念。

2. 必须付出耐心练习相当长的时间，才能将混乱的心安定下来。

（七）数数念佛

1. 念佛时不注意呼吸及其他任何事物，只注意自己在念佛。

2. 念一句佛号，数一个数目：南无阿弥陀佛一，南无阿弥陀佛二，南无阿弥陀佛三……南无阿弥陀佛十，再从南无阿弥陀佛一念起、数起。

3. 数数念佛时，会依然伴随着妄念，没有关系，知道有妄想是正常的，不跟妄想跑就好。

4. 心不要急躁，一发觉有妄念，赶快将注意力放在念佛的数目上。

5. 头脑里不要出现数目“字”的形象，但可以有默念佛号及数数目的声音。

（八）何以要数数念佛

1. 佛号单纯易念，不似数息复杂。

2. 数息时，若控制呼吸，则会产生胸闷、头痛的现象，数数念佛不注意呼吸，所以没有这种问题。

3. 一般人的心较混乱，可以一方面念佛，另一方面胡思乱想，易于养成散乱心念佛。若数数念佛则较易发现妄念。但是如果和数息比较，则数息又较数数念佛更易于察觉到妄想杂念的浮动。

所以不会数息，又感觉到数息数得很痛苦的人，可以改用数数念佛的方式；否则，还是以数息方法较好。

二、如何处理打坐引起的身心反应

打坐时，身体上一定会有不舒服的感觉，能不注意它是最好的办法。背痛或许是感冒引起；腿痛、腿麻、腿酸，乃练习不足之故；腰酸、颈痛等，都是正常的现象，最好不要管它。如果没有办法不管时，可以轻轻地动一下，但不可有太大的动作，更不能时常移动身体，否则是愈动愈痛，造成心里不安。因此，要随时练习着注意方法，而不管身体上的感觉。方法就是上面所提的：放松身体、放松头部、数呼吸或数数念佛。这些方法用上力，就没有身体不舒服的感觉来扰乱你打坐了。

三、日常生活中如何禅修

（一）身心合一

身体在哪里，心就在哪里；身体在做什么，心就在做什么；手在做什么，脚在哪里，你的心就在哪里——身心不可分离，身心一致。例如：

1. 在厨房中烧水、挑水、拣菜、切菜、洗菜，心就放在动作上，心中不起其他念头。

2. 如果在炒菜，手在动，心也要专心地在炒菜，头脑里没有其他的杂念。

3. 如果喂小孩食物、饮料，则一心一意地只想到喂小孩牛乳等食品，而没有其他的念头。自己的头脑非常地清楚、轻松、愉快。

先计划要做什么，如果已经计划好的事情，在做的时候就不须用头脑想了，特别是在平常生活中经常性的动作，譬如漱口、刷牙、刮胡子、洗脸、穿衣服等，不知做过多少次了，就不必用脑思考。但是要思考的事就必须思考，若不须思考的事则不必用脑想了再做。

往往有些惯性的动作，不须加以思考，一般人就胡思乱想地想其他的事。其实根本不用乱想，只要很清楚地知道自己在做什么。譬如：扫地时，一扫把一扫把地扫，而且扫得很清楚，洗碗筷、吃饭等都应如此。

但是，第一次做的动作或处理事情，或者是对动作及事情根本不熟悉，首先必须思考，然后再想一想怎么做。正在做的时候，如果不清楚时，还是要想。这样就不会动妄念，而且是一心一意地在做工作。

例如：一位母亲剪了一株花拿在手上，思考着将花插在什么位置较适宜，然后再小心翼翼地插好，在此过程中就是心无二念，不是在打妄念。反之，如果对剪花、插花的动作太习惯，结果手上拿了花，心里却在想着："小孩在那边做什么？嗯！奇怪呀！为什么他那么安静，到底他在干什么？咦！小孩在动了，他走路的声音为什么那么地响呢？"请问这是不是妄念呢？是妄念。所以做任何一件事，均应将心放在那件事情上，心为那件事在做，就是正念而非妄念。因此，要经常保持身体的动作和心的念头合一的状态。

（二）心口一致

譬如：我正在说话，一句接一句地讲给你们听，结果我脑中却又在想另外一件事，请问我是不是会语无伦次？当然会，因为口说心想，根本是两回事。如果正在讲这一句话，心里却在想刚才讲的第一句、第二句话，这也是在胡思乱想。

因此，说一句话就是这一句话，说什么事，就是什么事，很清楚地知道自己在说什么；讲完一句，下一句话自然出来，不过在讲话以前，先考虑要说些什么，不是想讲什么就随便脱口而出，那就变成胡说八道，根本不知道自己在讲什么；或许也没什么话可讲，就是想用嘴巴不停地讲，这就是妄想，不是心口一致。

心口一致必然知道自己要讲什么，表达出来以后也是清清楚楚的，这是修行人对自己身体的动作、语言的行为，都了解得清清楚楚，如此就不会做错事、说错话了。

（三）心眼一如

胡思乱想的人可从其眼神窥见，因为眼神飘忽不定，心中无主。

不知看什么，表面上好像什么都看，事实上没有集中焦点的对象，更不明白自己的眼睛为什么要看，就是不知道将眼睛定在何处，只是脑中的思想不断地动，所以眼神也似幽浮般地飘动。因此，可从人的眼神中，观察出此人是否思想集中、稳定。

在日常生活之中，要对自己的任何一个动作全部负责，也就是“一步一个坑”，脚踏实地，步步为营。走路步步为营，讲话也是步步为营，任何动作都该步步为营。不是杂乱无章，不是东一榔头西一锤，而是要身心合一、心口合一。

少一些妄想，加一点正念，则智慧日增，可开慧眼。慧眼开了，必然是烦恼和困扰的消除。唯有心得稳定，才能减少烦恼。唯有练习身心合一、心口一致，则心中的烦恼必然日减。当外在的境界扰乱时，你只要注意自己心里在想什么，眼睛在看什么，耳朵在听什么，如此注意观看、听闻等，烦恼就不存在，结果是该听的听到，该看的也看到。

譬如：对方打来一拳，如果注意对方打出来的动作以及自己被打的感觉，那么心里就不会起烦恼。如果听到别人骂你，清清楚楚地听到声音在骂，也知道自己是被骂的人，这时心中没有烦恼。但是如果你心中起了波浪——我为什么被骂？他为什么打我？如此想的话，烦恼一定会展现出来，因为注意对方的缘故。反之，清清楚楚地注意自己的心念，则烦恼必定不存在。

1993 年 10 月 10 日禅坐会开示，圣严修订成稿

四念处

四念处是一种很复杂、很不容易修的修行方法，与五停心——即数息、不净、慈心、界方便、因缘等五门有密切的关系。现在概略地介绍四念处。

佛经上记载，在释迦牟尼佛即将入涅槃的时候，阿难强忍住悲痛，请佛就未来佛法的弘传，开示最后的遗教。释迦牟尼佛咐嘱阿难四件事：其一，在日后结集佛法经典之时，每一部经的经文皆以“如是我闻”为起始，表示这是由佛陀亲口宣说，阿难亲闻。其二，以戒律为师。其三，依四念处行道。其四，对于犯戒而不受劝告的比丘，用默摈、不理睬他的方式，让他心生悔意，自行归善。由此可知，四念处是佛陀教法中很基本而重要的一个方法。

五停心和四念处密切相关。就禅观次第言，五停心属于奢摩他，是止；四念处属于毗婆奢那，即观。五停心最主要的作用，是针对散心和乱心的人，使他们能够循着方法把心集中起来，渐渐地达到定的程度。修五停心得定以后，立即从定出来，用有漏智慧观察四念处的身、受、心、法，一直观想，进而达到发无漏慧、出三界的目的。最主要的差别在于修五停心可以得定，但不能开悟，在定中心亦无法修；必须是得定之后，从定出，以有漏慧来修四念处，从四念处发无漏慧。有定有止，再修观，从观发慧，这个与天台宗所讲的止观均等不同。如果不得定便修四念处，或是修五停心得定后许久，定力退失，才修四念处，都是不对的。

什么是四念处呢？四念处就是身、受、心、法四种观想。身，就是我们的身体；受，是我们的身体对外界种种接触刺激的感受；心是对于受所产生的反应、执著；法是身、受、心所产生的一切。就个人来说，身受心本身就是法，身受心之外没有法。除此，凡因缘所生的，皆是法。

用这四种的观想法，观身不净、观受是苦、观心无常、观法无我，是为了要对治四种颠倒的错认和执著。四种颠倒即是净——清净的净，乐——快乐的乐，常——永恒的常，我——我为中心。由于有这四种颠倒，所以不能出三界，所以沉沦流转在生死中。四种颠倒里的根本法是"我"，因为"我"，而错认存在是常的、永恒的。永恒感从哪里来呢？从接受而来。受从哪里来？受从身体而来。身体是物质的，心是精神的，但是精神不离物质而作用，身受心动，身心的感受加起来，就成了我，这是小我。从物质界小我的身体，到禅定中有定的感受的大我、大身，都假想以为恒常，执著以为有我。修四念处，正可以破四颠倒，出三界。

一、观身不净

观察我们的身体，用"观"的方法来观它。在一般的说法里，此处往往解释得和五停心的不净观一样。但是我认为，如果是不净观，就是尚在五停心的阶段了，所以应该不是不净观。若从《俱舍论》来看，它不是重视于身体的不净；换句话说，不是身体很脏、很臭的那个不净，而是烦恼的根源叫作不净。观“身是烦恼根”，所以不清净。

二、观受是苦

通常，人对于身体的诸受，误认为是乐、是清净，这种颠倒想所导致的，就是宝爱这个身体。每个人都贪爱自己的身体，谁不贪爱自己的身体呢？割舍自身的一块肉拿去给狗打牙祭去，没有这样的事。观受是苦与观身不净是连带的，因观身不净，而观察到身体所带来的并不是好事，都是麻烦事、不清净的事，所谓不清净，指的是烦恼的根源，制造罪业、生死的根源。一般的人把身体当作净、把感受当作乐来看，根本没有想到它是生死的根源。

我们为什么会喜欢这个身体的种种呢？有时肚子饿了，吃的时候，吃得很饱，很舒服；口渴了，喝水的时候，喝得好舒服；累了，上床睡一觉，睡得好舒服；热的时候，有凉风徐徐吹来，吹得好舒服；恋爱的时候，亲密地拥抱，也觉得好舒服……做舒服的事，感觉身体很可爱，于是起颠倒想，以为身体是受乐的根本。痛苦的时候是有的，但不会记得住，只记得好的，所以会对身体产生执著。

很多人不能认同佛教讲苦，他所感觉到的都是乐。但若深入地分析、观照下去，就会发现，所有一切的乐，都是苦的因素，都是带来苦的原因；而苦是没有止境的，乐是非常有限的。这一生的苦，连续到未来生的苦，即便是这一生，到最后，此身还是会死亡、会败坏，结果还是苦。所以说有受皆苦，“乐”不过是一个假象。因现象的本质是无常，无常故苦。

三、观心无常

心是什么？前面已提及，心是从身体的感受而产生的反应和执著。我们的心，念念不停地跟着所有的受在变化。既然是刹那不断地改变着，这心当然是无常的。可是，一般人总认为心是永恒的，譬如，男女间的山盟海誓，海可以枯，石可以烂，我们的心永远不变之类的，此即“常心”。

执著我们的心是恒常的，这种幻觉，是因为不能观照到心念的变化。所以错认昨天想任何事的，是我的心；在三年前、十年前、五十年以前，那个动脑筋在想的，也是我的心；身体也许变了，我的心没有变，环境变了，我的心没有变。其实，不是我的心在动，是我的念头在动。他无法想到心之所以为心，实际上，是一个念头、一个念头间的连锁、连结，不能如是观察，则会愚痴、固执地想像成是同一个人的心，在不同的时间，想着不一样的事。其实心念刹那变异，本是无常。

四、观法无我

对于身、受、心三个项目，我们如果从身观察起，身受心之间的关系并不是一成不变的，而是随时都在交互变化。既然是能够变化的，当然不是常的，既然是可以变化的，里头有没有“我”呢？如果能够变化的是我，那在变化的过程中，究竟“我”在哪里？所以一切法，不管是心法或是色法，无一不是因缘和合的暂时显现。暂时显现其间，每一点每一点连缀起来，便成为一桩事。从时间上看，是一个过程，从空间上看，是一个集合体，可是这种集合体仍然持续在变，过程也不断在变。“我”在哪里呢？哪个是我呢？身体是我吗？心是我吗？接受的“受”是我吗？通常认为，身体是我，我在接受，我在想，所以身受心通通是我。但把这些东西放在空间、时间上来看，就只是因缘的结合、因果的关系，“我”是不存在的。

用什么来观身、受、心、法？用慧。在什么时候来看？在得到五停心的定以后。停于定，止于定时，心根本不动。若得定以后，心能够动，这不叫念头，叫慧，是很清楚的观照。

以慧来观身、受、心、法的时候，这个慧本身有被它所观的对象。如果观一观又停掉，不能持续地一直观下去、观完成，那是代表刚刚开始用功的阶段。可是渐渐修观，先观身，观身能够不断，再观受；观受能够不断，观心，又能不断；三种连起来观，一气不断，此即四念处观成，进入世第一位，已在得阿罗汉果、出三界前的阶段了。

四念处的进程分成四个层次，即暖、顶、忍、世第一位，并要配合十六行，即十六特胜来修，所以观成是非常不容易的。所谓十六特胜，它的目的是要证四圣谛：知苦、断集、证灭、修道。四圣谛怎么修呢？就是从四念处而修。在观四念处的时候，把四圣谛加进去一起观，四圣谛每一谛中有四行，四四一十六共十六行。

观四念处得力，才知道四圣谛的苦谛究竟是什么。能够了解到苦谛的实义，才能真切地生起不退的信心，直到证四圣谛，已能每一刹那、每一刹那，都连续地、不断地、不退地观照明彻，而且就在观上面不会再离开了。故证四圣谛已具无漏慧，出离三界，永断生死。

1984 年 6 月 20 日讲于纽约东初禅寺禅修课程，
蔡雅琴恭录于 1993 年 12 月 18 日

日常生活中的四念处观

修五停心得成就便入定，然后出定而观四念处，那是次第禅观。由修定得有漏慧，再以有漏慧观四念处，由观四念处发无漏慧而出三界，证解脱果，这是相当花时间的修行方法，对于一般人而言，的确难得有此因缘修成四念处的观法。

但是，在普通人的平常生活中，也不是无缘修习四念处的观法。事实上，我在指导禅修时，常常劝勉禅众，要时时照顾好各人自己的身心，应当："身在哪里，心在哪里。""手在做什么，心在做什么。""吃饭时吃饭，睡觉时睡觉。"如能做到，则行、住、坐、卧的四大威仪，无一项、无一时、无一处不是修行。凡是一举手、一投足，举心动念处，全部生命的动静运作，也都是用功办道的场合。这就是中国禅宗祖师们所提倡"禅在平常日用中"的大道理所在。此即是将次第禅观的四念处观法，用于中国禅宗的微妙之处。

四念处的目的在于用观照身、受、心、法而发无漏智慧，也就是禅宗六祖的"即慧之时定在慧"。即定即慧，即慧即定，实则重于慧解脱，所以强调明心见性、顿悟成佛，这都是无漏慧的功能。大悟彻底，便得五分法身，名为涅槃妙心，又名正法眼藏。由此可知中国禅宗的禅修特色，无异就是四念处观的日用化与普遍化，把高难度的修行方法，转化成或动或静、任何时地都可灵活使用的修行方法。

我在指导禅修方法时，所用的身、受、心、法四种观行，是比较容易练习的：

一、观身法

不必观察身体的净与不净，但求时时明察身体的动作。从粗大的肢体动作，至关节、皮肤、头部的五官、脑部、胸腹的五脏、腰部、臀部、四肢等的活动，从粗而细，从外而内，从大而小，从点而面，从局部而全身，逐层观照，乃至明察秋毫，随时随地，都能清清楚楚。若能观照成功，动中即是禅定。便会持平稳定，头脑宁静，身体康泰。

二、观受法

受是觉受、触受。身体的五根与外境的五尘接触而得的心理反应：或苦或乐，或是不苦不乐，是谓触受。身体本身的生理机能互动互用，例如，消化系统的运作、循环系统的运作、禅坐中气脉功能的运作等，均会使你产生心理的反应，或苦或乐，或是不苦不乐，是谓觉受。此法若能观照成功，便不会有逆境不顺的烦恼心出现；因为观察受苦受乐，苦乐本身仅仅是受，观受是受而非苦乐，心即能够明净安静，不为苦乐的触受与觉受而影响情绪。

三、观心法

心念的活动与身、受相连，一切烦恼均以身体的五根为媒介，均以触受与觉受为取舍，逢苦则忧，遇乐即喜；喜则生贪，忧则生瞋。平常心境不苦不乐，亦无贪瞋，似非烦恼，实则因其无记，即是愚痴。故“心”的内容，包含了苦、乐、忧、喜、舍的五受，也具足了贪、瞋、痴三毒的全部。如何观心？即是向起心动念处用功，观照每一个念起念灭处，究竟是在想些什么？心相如何？心情如何？每一念的相应处，究竟是跟五受的哪几受有关？又跟三毒的哪几毒相连？观心之时，不是不许心念活动，而是明察心念在做什么。此观若能修成，性格必可稳定，智慧也会出现。观心之时，觉察念念生灭，生灭之中，没有永恒的心相可见，即能亲见无常的真理，也就能够从厌离烦恼而转化为享受无常即无我的生活了。

四、观法法

法的内容，是指色法及心法。色法的物质现象，主要是指生理的肉体事实；心法的心理活动，主要是一切语言、文字、形象等符号印象，在心中留下的种种思想、观念、分别、执著。常人均将自己的价值观，视为生命的重心，若用此方法加以观照，便是在群魔乱舞的场面，遇到了照妖镜，即原形毕露，无处逃遁。一切的思想、观念、分别、执著，均是从心相、身相、物相产生的印象及符号，既然已用观身、观受、观心等方法，照见那些现象均非永恒的实法，当然也就没有实我、常我、真我可求了，故将此法观成，当下即证无我的实相无相。

如以上所说，似乎还是不易修学。其实初学的人，宜从某一个特定的动作或触受开始观照。例如：拜佛时，观照拜的动作是观身，观照拜的肢体觉触是观受，观照所受的心念反应是观心，观照心念反应的情况是观法。又如：经行时，观照脚步的动作是观身，观照经行时肢体的觉触是观受，观照所受的心念反应是观心，观照心念反应的情况——有执著、无执著等是观法。以此类推，在日常生活的随时随处，只要有举手投足的动作处，有身心的任何反应时，均可练习四念处的禅观法门了。

1993 年 12 月 22 日圣严撰于纽约东初禅寺

禅修方法的演变

禅的修行方法可分为三个阶段：

第一个阶段，是在六祖惠能以前。

第二个阶段，是在六祖惠能以后的两百五十年之间。

第三个阶段，是在五代宋初起至明清之间。

一、菩提达摩的禅修方法

六祖以前，菩提达摩即把禅法介绍到了中国来。菩提达摩所介绍的修行方法，有一篇文献《二入四行》中有记载，分为两部分："理入"及"行入"。

"理入"，不用理论，也不用方法，只是教人：心不要有念头，心就如同墙一样。也因此传说菩提达摩在嵩山面壁九年。墙是不动的，但你可以在墙上挂东西，你可以在墙上写、在墙上画。也可以说，心可以有反应，只是它本身是不受外境所动的。

菩提达摩又说了四种修行的方法，称为"行入"：

（一）报冤行

当你遇到不如意事时，不要抱怨，因为那是过去世所作的因而得的果报。

（二）随缘行

当你感到幸运、顺利时，不必太欢喜。那是由于过去世中自己的努力，以及现在众多的助缘而得的成果。

（三）无所求行

做任何事并非为了目的而做，只是为工作而工作，为修行而修行。

（四）称法行

应该怎么做就怎么做，能够怎么做就怎么做，不是有主观的想做或不想做什么。

现在来介绍惠能以前的二位祖师。一是四祖道信，另一位是五祖弘忍。今天不介绍他们本身，只介绍他们的修行方法。

二、四祖道信的禅修方法

四祖道信的《入道安心要方便门》告诉我们：若是刚学打坐的人，应选一个安静的地方，衣服要宽松，并要有正确的坐姿，也就是要把全身的肌肉、神经放松。开始时，身心没办法松弛，因此我在教人禅修时，教人以手按摩来帮助放松，然后深呼吸，以驱出体内的浊气，吸入新鲜空气，使头脑更清醒，心保持平静，注意呼吸的出入。心不急，念头愈来愈少，头脑愈来愈清楚，这时，你的心会由杂乱、不平衡而渐渐平静下来。

凡是打坐，身心都会有反应。这些反应会扰乱你继续努力，阻碍你修行到更好的情况。所以四祖说的修行方法是要放下身心，不管身心的任何反应。

这样以后，有两种情况可能会发生：一是入定，即是心念统一；另一是身心和外在的环境统一。一般人说这种情形是解脱或开悟。事实上，并没有开悟，只是前念与后念之间保持着稳定的状态，集中在一个点上。因此四祖说，要“内外空净，即心性寂灭”。不但环境空、身空、杂念空，连统一的一念心也要空。

这是由打坐进入定境，然后再从“舍下”定境的层次，进入禅法的悟境。

静坐、禅定与禅的内容大有不同。静坐的层次，只能使你身体松弛，头脑轻安；禅定的层次能使你达到身心统一，最高的境界则是前念与后念，念念统一，但不能把自我中心的念头放弃。而在禅的境界，是要放弃定境后，无我的智慧自然出现。

三、五祖弘忍的禅修方法

再谈五祖弘忍的禅坐方法。在他的《修心要论》（即《最上乘论》）中说：刚学坐禅的人，应依据《观无量寿经》中的十六种修行观法之第一种，叫作“日没观”。在太阳快下山时，光线柔和，最宜作落日观。五祖的《修心要论》云：“端坐正念，闭目合口，心前平视，随意近远，作一日想，守真心，念念莫住。”《观无量寿经》的原文则云：“有目之徒皆见日没，当起想念，正坐西向，谛观于日，令心坚住。”五祖的意思是说：心里观想着在平视线外，有一轮落日光景的太阳。太阳可远可近，继续观想着，不要离开那太阳，渐渐地，你便忘了自己，你的心中只有落日时分的太阳。如此的落日观，开始还很清楚有一日轮，慢慢地，太阳可能不见了，而只有落日之光，连你自己也与落日之光合而为一，没有身体，没有心，好像整个宇宙都化成了落日之光的世界。这种方法很有用，只要浸淫在落日的光里，则可以使你修成“落日三昧”。

五祖弘忍又说，夜间打坐时，可能见到种种善恶境界，也可能见到青、黄、赤、白等种种光，甚至会发现自己的身体变成很大的光，或见如来身相在你面前出现，或见种种变化，凡此种种似乎都是好的现象。如果只是静坐、诵念经咒，或礼拜诸佛菩萨，这的确是很好的瑞相。

但是五祖弘忍，却把这些境界，要我们习禅的人，当成妄想境。他说，当这些境界出现或变化时，应该“但知摄心莫著，并皆是空”。应当立即收起你的攀缘心，不能把念头执著、沉迷于这些境界中，且告诉自己，这些都是幻觉，都是空的。他还举了四句经证：“十方国土，皆如虚空，三界虚幻，唯是一心作。”也即是：十方诸佛国土，及十方的一切凡夫世界，不外乎是唯心所现，心外既然无物、无法、无境界，尚有什么善恶境界可取可著的呢？

为什么有虚幻？乃因心理出现了意识。这意识可分为两种：一种是使我们的心在造种种因，而产生反应的意识；另一种是心在想像，而产生的反应。

由此可知弘忍的修行方法，是从“观”入手，而所得的种种反应，不管是身相或是心相，都认为是虚妄的。这才能获得禅的智慧，也就是解脱的境界。

四、六祖惠能的禅修方法

六祖的修行，是没有方法的方法，只以某种方式表现，有以故事来表达的，也有以理论来表现的。

惠能自五祖弘忍处得了衣钵，传承禅法后，立即受五祖指示而逃往岭南。五祖的其他弟子们觊觎衣钵久矣，因此立刻去追赶，其中有陈惠明者，原为四品将军，头一个追上了惠能。惠能便将衣钵放在石上，隐身入草莽中。惠明提不动，乃呼唤云："我为法来，不为衣钵来。"惠能自草丛中出，对惠明说："你既为法来，若依我所说，即可得法。请先屏息诸缘，不思善、不思恶，正当此时，找找你的本来真面目何在?"所谓本来真面目，就是佛性、真如、悟境、菩提、无我的自在、解脱的境域。

这位将军果依惠能所说去行，却发现他遍寻不着他所要找的。也可以说，他丢了所有的东西（我执），也得到他所要找的悟境了。

最最要紧的不是要得到什么，而是能丢掉自我的烦恼。惠明丢了善与恶的种种分别执著，也就是在放下自我判断、自我中心的价值之时，便能见到本来真面目。这方法很简单，不须打坐，不须修行，就能得到智慧。因此很多人喜欢这种六祖所教的修行方法。唯要入门，也不简单。

《六祖坛经》说："我此法门，以定慧为本，大众勿迷，言定慧别……即慧之时定在慧，即定之时慧在定。"定就是慧，慧就是定，如果得了真智慧，你就已经在定中。所谓定，就是心不动；所谓慧，就是心中无物，却仍旧能对内外境界观照分明。事实上，心中什么都没有，就是真正的定；若能如实反映万物，便是真正的慧。

综合六祖的禅修法门，只有三个名词，就是“无念”、“无住”、“无相”。也可以说整部《六祖坛经》的宗旨，用这三个名词，就可以概括了。

所谓“无念”，就是面对内外善恶境界之时，心中不起一丝波动。外境是我们身外的环境；内境是心内的意识活动，就是我们的思想、观念、记忆、想像。如果我们的心，能不受外境和内境所动，这时心中虽然还有反应活动，但已不起烦恼念头，那便是智慧的现前。

“无住”这名词，原出自《金刚经》。六祖惠能之所以开悟，就是听到了《金刚经》中“应无所住而生其心”的经句。“住”是执著之意，因为人在尚未解脱之时，心便执著于自我中心及自我价值的判断。解脱后的人，心就没有自己一定要坚持的立场了，只有随顺因缘境界本身的事实而作适如其分的因应。也就是说，开悟后的人，或已得解脱慧的人，他虽不给自己一个定点、定位、定向，却能为了利益众生而活用无穷，所以他绝不等于石头、枯木。

若以“无念”、“无住”的智者立场来看这世界的任何现象，无一不是虚妄、不实、幻有的，所以下面另外还有一个名词，叫作“无相”。

只有真正亲自经验到世界一切现象都是虚妄的人，才能得到真正的智慧、真正的解脱、真正的没有自我中心所衍生的麻烦。

所谓“无相”，即是《金刚经》所示的无我相、无人相、无众生相、无寿者相，“寿者”就是生命的现象。这四种相中，前三者是“我”的空间现象，最后一种是“我”的时间过程。也就是说，若能超越时间、空间的现象，众生的“自我”，便成为空，那才是智慧，那才是真正的悟境。悟什么？即是证悟“凡所有相，皆是虚妄”，便能解脱自我作茧式的尘劳网，也才能真正地发现：原来无一处、无一时不是诸佛的自由世界。

不管我们有没有成佛，到了此时，我们已没办法否定自己是佛，也没办法拒绝自己是佛。可惜在未到无相现前之时，仍不知道自己是佛。故六祖惠能教我们用“不思善、不思恶”的方法，便能无念，就能发现众生即是佛。《华严经》所谓“心佛及众生，是三无差别”的境界，仅在一念之间，便能体验。

六祖的这种方法，就是顿悟法门，随时随地，只要做到“不思善、不思恶”，即能“无念”、“无住”、“无相”，从而体验到六祖大师所说的境界。

五、六祖惠能以后的禅修方法

六祖惠能之后的二百五十年中，禅机盛行，从惠能弟子群，到第四传赵州、黄檗、沩山，第五传临济、仰山、德山等，皆用这种顿悟法门，令许多人开悟。所谓禅机，便是禅师们灵活运用棒喝、竖拂、扬眉、张目、示圆相、反诘语等手段，应机而使弟子放下我执，进入悟境。但是后来的人，就没办法不用某种固定的方法而开悟了。故而有参“公案”、看“话头”的方法出现。这些公案的发生，便是禅机的故事，但在禅机盛行时代，无人重复来用它们，故不必参公案。嗣后有人重复追询那些开悟的案例而开悟，即是形成参公案的方法了。

我们从禅门的文献知道，最早将禅的公案编辑成册的，是在10—11世纪，那便是汾阳的《先贤一百则》，使用集子内的故事来发疑问：“为什么祖师们如此这般一番，就开悟了？”这样不断地反复问下去，就叫作参公案。

六、南泉斩猫的公案

百丈的弟子南泉普愿，有一天自外返回寺院，看到东西两班寺僧正在争论，为的是抢夺一只猫。南泉问明缘由，即欲以刀将猫斩成两半平分。他举刀说："如果没有人能回答我的问题，或答不对，我就要斩猫；若有人回答对了，就不杀猫了。"结果没有人回应，因此南泉将猫斩了！

这时南泉的弟子赵州从谂，自外回来，就问和尚为何杀猫？南泉告以经过情形，这弟子赵州，一言不发，便脱下鞋子放在头顶走了。南泉叹道："你若早来，猫儿就得救了！"这究竟是怎么一回事，只有南泉与他的弟子赵州知道。当时没有人知道，后来的人也不知道。如果你想不断地追问你自己："为什么会发生这么奇怪的故事？"反复地盯住这个问题发问，就叫作"参公案"。

公案本身有它的原因，但无一定的意义，故不能解释它，称为不可思议。如果你以常人的思维方式去解释它，那你就永远也开不了悟！所以说参公案不是猜测揣摩，不是用头脑推敲思索，不能用常识及佛学的知识来解释它。

我在日本时跟一位日本禅师伴铁牛老师打禅七，当时我已修得博士学位，就听说有高度知识的人很难开悟。事实上，不是知识有碍开悟，只是参公案时，要放下一切知识、学问，只用方法去参，而非以逻辑推理，或知识学问来解释它。

七、如何参公案

我教人用这方法时，常以皮球为喻。球里面是什么？要问："究竟它里面是什么？"不可以用刀剖开，不得以槌子打破它，只是不断地问："这里面是什么？"发问的目的，是在使你的头脑中，所有的主见、思维、念头，无暇旁用，一路问下去，你的自我执著就消失了，你的智慧就会出现了。

所以参公案不是解释它。许多人为解释公案，而出了很多书，那都只是在解释，而非在参，对悟境是不相干的。

公案可以解释吗？可以的，但是对于禅修的功能而言，没有作用，何况公案也有定式，拿定式来套，就可以分析解释得清清楚楚。

公案是否每个人立即都可用，而且一开始即可用得上力？不是。尤其心里散漫混乱的人，更不可以用这方法，用了也等于念公案，倒不如数息或念佛的好。

八、长芦禅师的《坐禅仪》

到了12世纪，中国有位叫作长芦宗赜的禅师，写了一篇《坐禅仪》，日本的道元禅师依据它写了一篇《普劝坐禅仪》，以静坐为入手，而达到禅悟境界的方法。

长芦禅师首先勉励禅修者要起大悲愿心，修行的目的，不为自己独求解脱，是为济度众生而精修三昧。如果仅为自求利益，以自我中心为出发点，就不得开悟，不得解脱，因为自私心态，阻碍了开悟的道路。所以他说，唯有如此，方能“放舍诸像，休息万事，身心一如，动静无间”。

以自我利益为中心是主观的；站在主观的立场，则永远在迷中。因为在有得失、有利害的情况下，你不可能放下身体、观念、环境，一切都是以我为主。有自我的判断便是不客观的，也与无漏的智慧不相应。

舍去自我，并非否定自我，乃因为得到了更多的全部，而须放弃局限于褊狭范围的自我。就像有人为了保留住在小房间内的执著，而不愿走出房门，那他怎么可能得到户外更大的空间呢？

我们现在介绍长芦禅师的打坐方法：要“量其饮食，不多不少”；“调其睡眠，不节不恣”；“欲坐禅时，于闲静处”，坐上舒适厚软的坐垫，衣服要宽，腰带宜松。能盘腿最好，至少单盘。右掌叠在左掌之下，两手拇指互相接触，然后把手放在腿上，就不要再去管你的手了，此时肩膀放松。

现在检查一下你的姿势及身体状况，不要太紧张了，坐姿要端正，不可左倾右侧，前弓后仰。要头顶向上，下巴内收，两唇轻拢，牙齿轻扣，舌尖顶着上龈颚处，眼微睁，视线自然落在正前方一尺外地面的某一点，就这样坐下去。身相既定，即调呼吸；气息既调，然后放松小腹。“一切善恶都莫思量，念起即觉，觉之即失，久久忘缘，自成一片。”

光注意呼吸在鼻端出入，就如平常一样的自然；不快，也不要太慢，每分钟大约十四至十六次呼吸为平常，即是正常，然后专心地数着呼吸，不数也没有关系，但要保持着没有杂乱的念头。牢牢守住如六祖所说的“不思善，不思恶”的原则。如果念头起来了，让它去，不管它。慢慢地，自然而然地，妄念就愈来愈少，少至没有了。

依照如上介绍的禅修方法打坐，才是正确的，不过，为了安全起见，最好能有老师面授。

1990 年 4 月 19 日讲于美国威斯康辛大学的

麦迪逊校园，王怡今整理

禅是什么

禅是什么？正确地回答：什么都不是，什么也都是。

因为凡是有形的、存在的，不管是物质的、精神的、生理的、心理的，只要是可以看到的、可以追求的、可以依靠的、可以想像的，都不是禅的本身。所以禅宗主张“不立文字”、“不可思议”。任何可以用语言、文字、符号来表达、说明的，都仅是一种现象，而不是禅的内容。禅，既非物质现象，亦非心理活动，仅可勉为其难地说：它是一种心法、一种普遍的事实。

一、既非如此亦非若彼的智慧功能

禅，起源于印度，原系一种定的修行与修行经验。传到中国后演化成为一个代号，代表着能在生活中活用的，既非如此的，亦非若彼的智慧功能。可以称它是“无”，亦可名其为“空”。既然是“无”，既然是“空”，就不该是通过见、闻、觉、知来接触感受的现象了。

中国禅的功能，在其能使人于修行之后，达到“开悟见性”的目的。佛说一切众生皆具佛性，人人都有成佛的可能，因此，许多人都希望悟佛知见，见到佛性。何谓“佛性”？就是空相、空性。相，指一切有形的、可用思维或五官接触到的现象，包括我们的生理、心理以及身心以外的世间所包含的一切物理现象；性，则是不变的本质，一切现象的根本。佛性不是有形的存在，亦非可被描述的任何现象，但其存在于一切现象之中的任何一点。因其没有定相，故以空为相；没有定性，故以空为性。

这些理论，既“空”又“无”，听来似乎落于消极，其实不然。如果真是消极的话，我不该在此与诸位结此法缘，也不应挑灯埋首地著述不辍，更不会孜孜不倦地奔波于东西两半球弘法利生，也不致有逾百次的演讲，风尘仆仆于全美各大学府。因为相空性空，故慈悲与智慧跟一切众生不能分割。

二、进阶修行达到空无境地

如果仅仅谈空、论无、说佛性，便会和我们的实际生活脱节，沦于空谈，不切实际。所以，还得借助于层次的说明，由每个人现在的情况，一步步地进阶，达到开悟见性的境地。因此，我们接着以层次的分析来理解禅法。

首先，我们以修行的层次来分析由“有”至“空”的三个阶段：

第一个层次是尚未修行禅法，包括没有接触过禅法，或已知禅法而尚未开始修行的人。

第二个层次是正在修行禅法，但尚未开悟见性的人。

第三个层次是已经修行禅法，且已开悟见性的人。

现在不说第一层次，下面但举第二及第三层次的例子。

《六祖坛经》里有两个众所皆知的偈子，第一个是五祖的大弟子神秀所作："身是菩提树，心如明镜台。时时勤拂拭，勿使惹尘埃。"另外一个偈子是六祖惠能所说："菩提本无树，明镜亦非台。本来无一物，何处惹尘埃。"

神秀的偈子，意指我们的心就像明镜台一样，身则如菩提树一般，我们应常以"持戒"清净我们的身体，以"修定"清洁我们的心念，才能使身心不受染污，而得清净。身心清净，即得解脱。所以，在没开悟前，必须持戒、修定，常常地拂拭，清理身心。这是一个正在修行，而且是很努力地修行的人所见的层次。因此，五祖看了，便令门人焚香礼敬，照着修行，免堕恶道，得大利益。

六祖惠能的偈子，则已见"空性"，故否定了菩提树、明镜台等身心的存在。既没有像菩提树的身，也没有像明镜台的心，那用功又用到那儿去呢？根本不须洗啊、擦啊、持戒啊、修定的。既然是"空"的，就是无挂无碍，那儿来的尘埃？这才是真正的自由，真正的解脱，也是悟后见性的境界。

三、念头的起灭即是我

禅宗论"无"，常引生误会；事实上，就众生而言，"无"的实证，是从"有"起修的。因此，我们接着将以"我"为题，分成三个段落来介绍说明禅法由"有"到"无"的层次。

第一个层次是认识"小我"。

不论是西方人也好，东方人也好，若离开了"我"便无事可谈了，人都是以有我为基础的，无法骤然接受无我的观念。可是，究竟什么是我？就是自私。中国有句谚语："人不为己，天诛地灭。"

人不自私，根本不能生存。所以，有我的自私，并非坏事，自私而害人则是不该的，但个人自私而不害人的“我”，是正常的生存条件。

一般的人，虽然有一个自私的我，可是对此自私的我，欠缺了解，自己对自己没有办法处理，时时发生矛盾，跟人亦常常发生冲突，以致烦恼不已，麻烦不少，常感身不由己、心不由己。那么，究竟是由于外在的因素，使得我们身不由己及心不由己？或是自己没有办法主宰自己呢？由于对自己本身的自我不清楚，所以，感觉好像是有外在的力量控制着我们、支配着我们。因此，作为一个禅的修行者，首先要用禅的观念与方法来了解、认识这自私的“小我”是什么。

若用禅的修行方法，如数息、念佛或专门注意自己呼吸的出入等，慢慢、慢慢地，首先会发现有许多的杂念，渐渐、渐渐地杂念亦愈来愈少，到最后，便知道了那不能控制的“我”究竟是什么。所谓“我”，无非是一连串的过去与未来，一连串的自己与环境所发生的关系，在心里所产生的作用而已；除此而外，所谓“小我”是不存在的。到这程度时，已经了解了所谓个人的“我”，实际上就是念头，念头的起灭即是“我”，也即是“心”。因此，到了这个层次，便可以做到心不被环境所动摇，会用方法，要不动心便能不动心，便不会有心不由己的烦恼发生了。

这是集中注意力的方法，把心理活动的念头，从散乱的、妄念纷飞的、心猿意马的状态，渐渐地稳定下来，而至一心不乱的状态。普通人，若能修到这种状态，他的性格应该是已经平稳成熟，我们可以说，这种人是比较有涵养的，不会随便闹情绪，也不会被环境影响而产生喜怒哀乐形之于色的情况。修行能达到这个层次，就已很有用了。

四、前念后念统一——见山不是山

第二个层次是经验“大我”。

“大我”是由“小我”衍生而来。当我们能够很清楚地认清“小我”之时，就会更安定、更稳定地使用修行的方法，一旦方法与用方法的念头统一时，便达成统一的心，便是“大我”。

如果你用的方法是数息的话，要数到没有数目可数之时；如果是参话头的话，要参到没有话头可参；如果是念佛的话，要念到没有佛号可念。就好像一个骑术高强的骑马师，骑了一匹伟骏的千里驹，马跑得飞快，已经忘掉了有人在骑它，而骑马的人也忘掉了是骑在马背上。到了这种地步，就是内在的自我与外在的环境统一了，自己的前念与后念连成一串了。

有人说：尚没有修行的人，见山是山，见水是水；正在修行的人，待修到得力时，见山不是山，见水不是水；修到开悟见性后，见山还是山，见水还是水。

这内外统一的境界，即是见山不是山，见水不是水。为什么？因为自己的身心与外边的环境统一，前念与后念统一，没有念头的起伏，所见到的看起来完全一样，所以骑在马上，感觉上没有马的存在，因此见山不是山，骑马不觉得有马。

有人问：修到这个程度，是否会有麻烦？上街去，看到所有的人，大概都不知道是人；或者想到父亲，所有的人都是父亲；想到妻子，所有的人都是妻子了呢？

这只是修行人在修行过程中所发生的经验。发生经验时，不会上街，也不能工作。可是，有这种经验之后又恢复到正常的情况时，会感觉到这个世界是那么的和平，那么的可爱，你希望能帮助所有的人，因为觉得一切众生，乃至一草一木，都像是自己的身体一样，你会感觉到，这世界是如此和平、亲切、可爱，不期然地有一种责任感，人饥己饥、人溺己溺之情愫油然而生。许多宗教徒到了这种程度时，就变成伟大的宗教家，自然流露出救世救人、悲天悯人的心量。

五、彻底粉碎——瓦解自我中心

但是，这还不是禅悟，因为还有“我”的存在，只不过是把自我扩大到涵盖世间的一切，把所有的人都变成了我。在这一阶段，虽有非常恳切的责任心、使命感，却也同时产生了我慢的副作用，把世间的一切，当成是自己所有的财产般来支配。在救济人的时候，虽有些人不愿意接受他的救济，他也非得强迫他们接受救济不可，以自己的思想，以自己的观点，强求所有的人都要变成跟他一样；若不一样，便很可能采用强制的手段。宗教上的强迫性、独断性、排斥性、征服性等问题，便因此而层出不穷了。

所以，一定要超越这个层次而进入“无我”，才是禅法的禅悟。如何达到“无我”呢？还是要依赖方法。佛说法门无量，门门皆通涅槃城，公案或话头很好用。参公案或参话头，到最后，把自我中心全部粉碎、彻底瓦解。那时候，只有一切的众生，没有“小我”及“大我”；一切东西都有，就是没有自己。众生需要什么东西，便给他什么东西，而不是自己准备好了什么东西以后，一定要众生接受。消融了主观的自我，变成绝对的存在，这就是“无我”。

禅法不立文字，也不说有任何东西给人。《金刚经》云："若人言如来有所说法，即为谤佛，不能解我所说故。"今天我们也是一句话也没说到，可是抱歉得很，却超过了时间。以下是问答讨论，欢迎诸位发问。

六、问答讨论

问：禅佛教的重心在讲"我"，是否也谈到"我"与家庭、朋友、社区之关系与责任？

答：禅的本身即是我们的日常生活；禅的修行、禅的观念也还是由生活里表现出来，一定会对你家庭里的人及环境里所接触到的人，都能产生影响。我们刚刚说过"小我"、"大我"、"无我"，如果能认识"小我"的话，一定会非常地稳定，不会情绪波动，与其他的人接触时，都能带来祥和。如果能经验到"大我"的话，一定非常地热心，不仅是对个人、家庭、社会，甚至对全世界的许多运动，都会积极地参与。如果经验到了禅法是什么的话，那就要终年马不停蹄，只是为了无事而忙。

问：修行是一种方法，是两边中的一边，但据三祖所说："将心用心，岂非大错"，这之间是否互相矛盾？

答：三祖的《信心铭》，一开始便说是"至道无难，唯嫌拣择"，不可以用心拣择。所以你以为用修行的方法与《信心铭》所说相冲突了，其实，《信心铭》是在三祖开了悟以后所讲的话。在没有开悟以前，还是要有方法，否则无法开悟，连释迦牟尼佛开悟都得修行六年，六祖惠能也是听《金刚经》的句子，使他的观念转变了，突然间开悟，那还是要用心。不用心而能开悟是不可能的。

问：一个完全不知道禅法的人，是否可能发现佛性？

答：有可能，但是，可能性非常小。释迦牟尼佛就没有人告诉他什么是禅法而自己发现了所谓“佛性”就是空性的事实。但是，历史上也只有佛一个人是这样的。在佛之后，所有的人都是因为听到佛法而明白所谓“佛性就是空性”，只有亲证空性才是彻底的自由、自主、解脱等。先从观念上认同它、接受它，否则的话，开悟这个事实，不容易发生。

问：出家人的生活目的是什么？在家人的生活目的又是什么？

答：我们的生活、生存，不管在家、出家都是相同的。不过出家是把全部的时间用在修行上，用佛法自修，也帮助其他的人一起学习佛法。因此他自己本身除了修行佛法、宣扬佛法之外，没有另外需要做的事，这是出家人生活的目的。

在家人要以全部时间来自己修行，同时又帮助他人修行佛法，是比较困难一点。目前也有专门研究佛法、修行佛法，并且以教授佛学、指导禅修为职业的在家人，只是家庭的生活分占了他们的部分时间，也分占了他的感情。当然，也有像维摩诘居士那样的大菩萨，身为在家居士，却能把财产、家族、所有的一切，都作为一种修行和帮助修行的对象，而没有自我中心在内。这必须是一个大菩萨方能做到。至于普通的在家人，那就是在家人了。

1992 年 5 月 1 日讲于美国耶鲁大学，陈果纲整理

禅的智慧

刚才刘玲利会长介绍我时，说我十三岁就出了家，那么小出家能做什么呢？没事做。（大众笑）

今天的题目是“禅的智慧”，智慧因空而生，禅即心中无事。现代人都觉得很忙，所以我今天让诸位听一听不忙的事。

人们处身于这个时代的社会环境，都非常的紧张，非常的忙碌，忙得不知道自己究竟为了什么要这么忙，紧张得不知道自己究竟为了什么要这么紧张。

一、佛·禅·佛教

有人问：禅是不是就是佛教？禅与佛又有什么异同？

（一）佛与觉，禅与悟

佛的意思是觉，禅的意思是悟。觉是醒觉和彻底地了解，从烦恼中醒觉，彻底地了解了这个世界的存在和人类众生的活动，不过是在做梦而已。人在非常深沉的梦里，多半不知道自己是在做梦；能够知道自己是在做梦的话，便不是很深的睡觉。佛就是从梦中觉醒了的人。

“悟”的意思跟“觉”相同，但是“觉”是彻底的、完成了的“悟”，“悟”则未必是彻底的“觉”，就像一般的普通人一样，醒了以后，还会再睡觉。有的人，整天都是迷迷糊糊的，你说他醒了嘛，他是醒着的，你说他是真正的醒了嘛，他又好像是浑浑噩噩地在梦中。有的人，不仅人家看他是糊涂的，他自己也感到是半痴半呆的。

“禅”可以使我们开悟。禅的开悟，能够使我们直下承当，顿悟成佛，但是，禅法的“悟”，并不等于究竟的佛。也就是说，佛之所以得以成佛，是从“禅”而出现的，但是，在完成了“佛”的悲智之后，他就用不到“禅”了。

（二）佛是悲智双运的完人，禅悟者是定慧均等的自在人

“佛”以慈悲与智慧来救济众生，是悲智并用的完人。而“禅悟者”的修行人，虽也有慈悲和智慧，却无法与“佛”相比。“禅悟者”有定力，所以能够不受外境的影响；他有智慧，所以能够自在于现实之中；他是即定即慧、定慧均等的自在人。一个自在的人，不一定就是福慧圆满了的完人。所以，作为一个已悟的禅者，他不会说他就是“佛”，可是他是已知道佛是什么的自在人了。

所谓“自在”，并不等于心想要到哪里就能到哪里，要不去哪里就不去哪里，而是说他已不受世间的烦恼所困扰。随时随处，对一个已悟的“禅者”来讲，日日都是好日子，处处都是好地方，所以名为自在。

四十年前，台湾当局曾经雷厉风行地把好多和尚当作间谍嫌疑犯关进牢里，其中有一个和尚，到了监牢里，还是很高兴。

他说：“我们到台湾来，要找到挂单处，讨一碗饭吃，都很不容

易。现在，可以等着有人送饭来吃，是‘政府’供养我们啦！”他感到蛮开心。

但是，另外有位和尚就说了：“至少我们在外边还有旧床铺可以睡觉，还有老棉被可以盖身，到了牢里，什么东西也没有啦！”

这和尚说：“唉，哪个地方不是床呢？本来我们只有小小的一张床可以睡觉，现在我们处身的这么大一片地方，都可以睡觉哪！”接着，他发现墙角边有几十个本来是装泥巴用的稻草包，他惊喜地说：“咦，这地方，还有这些东西！”就拿了好几个，当褥子垫，当毯子盖。

别的和尚批评他说：“你怎么用这种东西呢！”

“为什么不？能保暖就好啊！”

出家人都是吃素的。可是监牢里给他们送来的面条，每一碗都有几根肉丝。其他的和尚都说：“面条里边有肉，怎么能吃！”

“你们不吃，我可要吃！”

“你怎么吃肉呢？”

“在外边能够吃素，当然吃素，在牢里，总不能为了几根肉丝，就连面条也不吃了，填饱肚子要紧哪！”

那位和尚，是相当有名的法师，他虽被关在监牢里，既无恐惧，亦无怨尤，相反地是那样的自在。

（三）佛教是理性的宗教，禅是智慧的事实

理性与智慧，两者是同类的异名。佛教有它感性的信仰成分，那便是相信有菩萨、有佛、有护法神等来帮助信仰的人。但是，在本质上，佛教是理性的，佛教的目标，是为开启人的智慧，消除人的烦恼，要人们自己去努力修行戒定慧而解脱贪嗔痴。人人皆得成

菩萨，人人皆可成佛道，不是仅靠佛、菩萨的救济而能够达到目的的，一定要自己努力去实践佛法，才能完成佛、菩萨的果位。

而禅的方法是为了开发智慧，禅法的本身就是智慧。禅法的修证，是要靠自力的，即所谓的“自依止”，即是自修、自悟、自解脱。不能依赖外在的力量，否则就像小鸟依赖母鸟哺食的阶段；不能独立自主，便不得自在。所以“禅”是佛教里最精要的部分，也是最根本的部分。

（四）禅与教互为因缘

禅与教是彼此互为因缘的。一切佛，都是因为禅的悟境而成佛，成佛之后，说出了成佛的道理及方法，成为佛的教法。然后，其他的人，便根据佛的教法指导，悟得佛性真空。悟了之后，又依悟境实证佛的教法，弘扬佛的教法，来指导其他的人，悟入佛的知见。可见禅法与教法，彼此间是互为因缘的。

二、禅与智慧

（一）禅是无私无我的智慧，智慧是无相无住的心境

一般的人，没有私心是不可能的。所谓私心，就是主观。主观有大有小，或为个人，或为家庭，或为团体，或为自己所属的社会，只要有一个自他或内外的相对立场，就是有我有私的。人从自我的立场产生的见解和心量，是非常有限的，故称为有相。如果能够无我，便会体验到无相与无住，也就会变成无限了。

“无相”并不是说，眼睛看到了东西说没有看到，耳朵听到了声音说没有听到，或者吃了东西说没有吃到。乃是在看到、听到、嗅

到、尝到或身体接触到任何现象时，心里便知道这是一个暂时的假相，不是真实的有，不是永恒不变的存在。因此即有即空，即有相而知是空相，叫作“无相”。

在台湾，两年前有一位非常成功的商人，由于用人不当，经营不良，不仅破产，而且吃上了经济犯罪的官司。他在进监牢之前来看我，问我怎么办？

我说：“进监牢就是进监牢啰！你就把它当作从这个家到那个家好啦！”我接着问他：“你羡慕做个出家无家的和尚吗？”

“唉，我曾经想过！”

“那好啊，你就把进监牢想像成暂时离家出家好了！”我又问他：“财产的确重要，但当你母亲生你的时候，究竟是你的那一只手带了财产来的？”

“我是两手空空地来的。”

“现在你应该很欢喜才对。金钱如水，你在那么大的水里边洗过手了，结果，水是流走了，手是干净的。”

“师父啊，因为你是和尚，所以会讲这种话！”

“你现在要进监牢了，你不这样想，又能怎么办？”我又告诉他：“你知道吗？曾经有一个非常有钱的人，破产以后坐了牢，因为他一千个不甘愿，一万个不服气，觉得是冤枉的，觉得自己是受害人，结果在监牢里闷闷不乐，便气死在牢里边了，你也愿意像他那样吗？”

“如果日子不好过的话，宁愿死啊！”

“你被判的是有期徒刑还是无期徒刑？”

“要坐八年才可以出来。”

“既然是八年还能出来，你愿意把你自己判成死刑吗？”

“唉，那还是不死的好!”

“你既然不想死，你就得把我的话带到牢里边去用!”

“那我出来以后，是不是还做生意、还赚钱啊?”

“有钱赚，为什么不赚呢?”

“也许到那个时候，我不想赚钱，要做和尚了啦!”

“你不要骂人了，我这个和尚不是像你这样子来的啦!”

这就是“无相”的道理，能够知道什么是无相，就能够知道什么是无住。“无住”就是不把一个现象或一桩事情当成是特别的、不得了的重要，也没有一样事情看作是不重要的。

我曾经遇过这么一个青年人，在他恋爱的时候，就把对象说得那么样的好；失恋的时候，便把那女孩说得一文不值。我就告诉他：“再好也不可能是那样子的好，世界上的女孩子都是人，是人就不会好到那般的完美；再坏也还是人，是人也不会坏到那样子的彻底。”所以，说好说坏，都是“有住”，都不正确。

记得我的师父东初老人，在我出家后不久，有一次问我：“圣严，你说金钱好不好?”我答：“佛说的，金钱如毒蛇，一定可怕!”我的师父又说：“圣严啊！你还有所不知，现在有很多人专门养毒蛇，取了蛇毒来做药而发大财。如能善用毒蛇的毒，可以救人，可以治病，就看你会不会养蛇了。不会养蛇的人，会被蛇咬，会被毒死；会养蛇的人，蛇毒可以让你赚钱，可以让你救人。”结果我说：“师父，那我还是要钱!”他又说：“钱要取之有道，用之有道才对。如你仅仅是要钱，而不善于用钱，那就等于踩到毒蛇身上，只会被蛇咬，而不知运用蛇毒治病了。”

所以，世界上的东西，没有绝对的好，也没有绝对的坏；没有绝对的需要，也没有绝对的不需要。这叫作“无住”，也就是“智慧”。

（二）禅是当下即是的全体，智慧是全体即空的心相

所谓“当下”，可大可小，大可大到包含整个的宇宙，小可小于最小的无限。一般人对于最大即是全体的观念，还容易了解；对于最小即是无限的观念，则难领会。一个人的身体是全体，没错！一个人的一根眉毛，一根头发，或任何局部，也能算是他身体的全体吗？是的，一丝纤细的头发也是全体。中国有句“牵一发而动全身”的成语，就是最好的说明。

在常识中，往往也会以局部推想到全体。记得我小时候所见的乡人，凡是看到西方人，就会说是“吃牛肉的人来了！”因为，西方人从你旁边走过的时候，就闻到一股牛的味道。遇到一些西方人身上有牛味，就以为所有的西方人都是那样子；只闻到一些西方人的味道，就把它当成是全部西方人的味道了。类似的以偏概全，虽然并不正确；局部不能脱离全体，则是事实。

不过，一个人如果仅仅了解“当下即是全体”，可能会产生一种执著，认为大的也是我，小的也是我，从而发生自我占有的问题。自我的占有，本来是一种获得的满足，可是，在我们占有一样东西时，实际上是已经被那样东西所占有而不得自在，不得解脱。不管是男是女，当他得到一个对象的时候，自以为是得到了另外一个人的全体，事实上是失去了自己的一半。但是，大家还是乐此不倦！

智慧是什么？它是发现和实证全体即是空的一种心理现象。全体，如果是真的、是实在的话，它一定是不动的、不变的。既然是不动的、不变的，那一定是死的，也就一定是不可爱的！花，如果是永远地开着不谢，便不吸引人了；孩童，如果只哭不笑，或只笑不哭，便不好玩了；淑女，纵是国色天香，也难免光阴催老。这世间的任何现象，都在迁化、移动。由于它们是变化、移动的，所以

是不真，是空的。即有而空，因为一切现象，皆不出无常变迁的生灭规则。

有一次，一对刚结婚的年轻人来见我，我向他们道喜，那位新郎却说："师父，您就不必给我说恭喜了！"

"为什么？"

"诸行无常，五蕴皆空，我是跟'空'结了婚，有何可喜？"

"既然是空的，你还结什么婚？"

"空跟空在一起，是正常事啊！"

这样的话，他好像真是懂得佛法了！

但是，我又告诉他："空与空在一起，是没有摩擦的。你们俩结婚之后，可不要三天之后就斗嘴，四天之后又吵架啦！"这可能不容易了。

新娘抢着说："就是预防着吵架，所以先来见师父，到时候要请师父主持公道。"

我说："那很好，我会给你们无理三顿棒，有理棒三顿。"结果他们两人向我道谢后，欢喜地走了。

（三）禅是超越的存在，智慧是无碍的心量

所谓"超越的存在"，就是比存在的事实还更存在，也就是不能说它是不存在，可是它不等于存在。唯有如此，才能够心无挂碍。

我常常以一则禅宗的公案作例子说明这道理。曾经有两位和尚去行脚，路过一座无人的荒庙。其中一位和尚，看到庙里没有人，便在佛殿上解急，他的同伴责怪他："你怎么可以在佛前小便呢？"这位和尚说："那么，你告诉我哪儿没有佛，我去解！"

我们前面说过，"当下即是全体"，任何一点，都是佛身所在，

即使是尘沙一粒，也都是佛的全体。既然是有佛的地方都不能小解，那还有什么地方可以解呢？这位和尚并没有否定佛的存在，也知道佛是应该尊敬的。可是，正如人吃饭是正常的事，解小便也是正常事；佛是值得尊敬的，人解小便，又有什么不尊敬呢！

不过，全体遍在是佛的理体、佛的法身，这是悟后的境界，而且是在这座荒庙里，无人也没厕所的情况下，所以对他来讲，佛殿跟厕所都是一样的。凡夫尚未见佛性，未明佛的理体、法身，则不应该效法。

悟后的智慧是灵活的，是无碍的；一般人的常识和知识是有障碍的，是无法自在的。因此，普通人总是被常识及知识所困扰而处处惹烦恼，常常不自在。

（四）禅是无得无失的事实，智慧是黑白分明的心用

我们理解到空的事实，因为是空的，所以明白“失去”和“得到”是同样的事，因此是无得亦无失。得与失，只是一种过程、一种现象。现象的本身，正在有所得的时候，同时也有所失，得到的愈多，失去的也愈多。

一般人认为，得到的愈多，自己的安全感愈大。其实，从禅法的立场来看，有所得者未必是实质的保障，有所失者也未必不是好事。而且应该得的才可得，不应该得的不能得，得了反而累赘；应该失去的必须失，不失则很麻烦。何况应该得到的得到了，不算是得；应该失去的失去了，也不是失。

例如：有人做工一个小时至少要赚五块钱美金，拿到钱时，不必欢喜地说：“我得到了五块钱。”因为那是以他做工而换取了五块钱呀！转过身，买了牛奶、面包，吃完了也不必叹道：“我的钱又丢

掉了。”因为那也是交换呀！数小时之后，上个洗手间，吃的东西通通跑掉了，则很少人会说：“我失去了它们。”因为谁都知道，那是应该排泄掉的，不叫作失去。

既知应该得的不叫得，应该失的不算失，正常的人，正常的生活，便是无得无失。得到的时候，不用欢喜；失去的时候，不必悲伤。

也许有人认为“禅”是一种莫名其妙的观念，“禅师”可能是疯子、傻瓜。大家不要因为刚才我讲了佛殿上小解的故事，就以为所有的禅师或开了悟的人都是疯疯癫癫的。其实禅悟者是智者，智者没有烦恼、执著，但对于现象的存在是清清楚楚的，比一般人更清楚，而且是绝对的清楚。

禅画的“十牛图”（可参《圣严法师教禅坐》增补本中《禅的悟境与魔境》一文）中，最后一图是一个和尚拿着一个布袋，袋里装满了许多的东西，见到不同的人就给予不同的东西。那表示说，一个大彻大悟、有大智慧的禅者，他会以无量的佛法来适应所有的人。依各个人的不同需要，给予不同的佛法，而对于各人的需要，他是绝对的清楚，不会弄错的！

“禅”是从“佛”而来的，我们必须尊敬“佛”，学佛“法”，亲近“僧”。要知道，能够传授成佛方法的老师，必出于如法修行的清净僧团。我们必须跟着老师学习而得智慧，如果不依照老师的指导，而想自己依佛法自修、自开悟、自解脱，虽有可能，可是极其困难，而且易入歧途，极其危险。

1992 年 4 月 12 日讲于纽约大学法学院
210 大教室，陈果纲整理

智慧与福报

一、福慧双修

一般人拜佛都想祈求福报，但是有福报却不一定有智慧，若无智慧，福报本身就可能带给我们困扰。有福的人一定要有智慧，有了智慧，才知道如何运用福报和增长福报。因此，佛教主张“福慧双修”，主张“悲智双运”，那才算是健康的修行。

不管是福慧双修或悲智双运，都要知道如何来培植和运用自己的福报，至于如何培植就必须靠智慧。譬如，有人希望从商赚钱，就得先去学习工商管理、学习企业经营。再如昨天我遇到一位哥伦比亚大学毕业的财务管理博士，我问他赚了多少钱？他回答说：“我只知道怎么替别人赚钱、管钱，但是自己没有钱。”知道怎么替人赚钱、管钱，而自己没有钱，就是有智慧而福报不够。很多公司的老板本身并没有读多少书，但是他们能够用很多具有高学历的专家、学者来替他们赚钱。类似的老板，虽然未受多少正规教育，但也不能说是没有智慧的，不过，能有用人的智慧，还得要有赚钱的福报。

一个人如果把人做到亲痛仇快、众叛亲离的程度，可以说他是没有智慧的，不会待人；在家庭里父子成仇、夫妻反目、兄弟阋墙，也都是没有智慧加上缺少福报。善于处人是智慧，受人善待是福报。如果一个人能够把认识的及不认识的人集合在一起工作，找来在一起生活，自己虽然没什么钱，能够有人，则不仅是财富，且是福慧双修。福报是从哪里来？是靠无私的智慧来。就像上面所讲的，把许多个性不同、生活习惯不同、教育程度不同的人，集合在一起愉快地工作，这是需要人缘和智慧的。人缘就是福报，再加上智慧的运用就是一种财富。

佛教所讲的智慧，不全同于知识和学问。知识和学问可以从书本中或学校里学习；智慧则要从内心的体验及人与人之间关系的运用而获得。有些人虽然读了很多书，但是没有人缘，不通世故，走到哪里都不受人欢迎，想做任何事，别人都不愿认同、不参与，这种人就算是少福少慧了。这种人可能有满腹的经纶，同时也有满腹的牢骚，更不幸的是尚有十足的骄气。

常言道："做事容易做人难。"可是，识人才能用人，有人才能成事，成事才有福报。如果没有人来相助，必不能成就大事。同样的一件事情，如果仅靠一个人单枪匹马，孤军奋斗，虽然也可以做出一点什么来，然其过程辛苦而成就有限。如果能集众人之力，众志成城，同心协力，做同样的事，便能可大可久，造福更多的众生了。故在佛法中，强调和乐，主张群策群力，所以在《华严经·净行品》中，勉励学佛的人，要能够做到"统理大众，一切无碍"。

二、绝对客观

现在我要从禅法或佛法的观点来谈智慧。禅的智慧，是先要把自我的执著心抽空。何谓自我？便是闭锁的主观意识。通常的人都以主观和客观来面对每一件事情，如果比较客观地处理事情，就是比较理性，也比较接近智慧。如果说这样就是有智慧，也不完全正确。所谓客观，必然还有一个对象存在，一定还有一个与客观相对的主观立场，所谓绝对客观的可能性是很少的。遇到事情，人们都是凭自己的经验和知识来作为标准而加以判断。请问各位，既已预设标准的判断，还能算是客观吗？

例如，有一次，我遇到一位心理医生。

“请问您是以什么来为病人治病？”我问他。

“我客观地凭自己的专业知识。”他回答。

“请问您的专业知识从哪里学的？”

“我的专业知识是从书本的研究、老师的教导、个人的临床而得来的。”

“老师和书本上的专业知识又从哪里来的呢？”

“老师和书本上的专业知识是他们从书本及经验累积起来发现的。”

从以上的对话，各位可以理解到这位医生所讲的客观，只能算是比较理性的客观，而非绝对性的客观。因为客观里面已加了人为的因素，因此我告诉这位心理医生：“您这样只能算是没有办法中的办法；也就是说，病人需要帮助，您拿自己所学的专业知识来帮助对方，并不是纯以病人的需要而给予恰到好处的帮助。”医生回答说：“是呀，如果我有那般能耐的话，我就不用来向您请教，不用来学佛，也不必来跟您修学禅法啦！”

如何才能帮助病人呢？在禅法的立场是把知识和经验都摆开，当下看对方需要什么就给他什么。话是这么简单，问题是一般人能做得到吗？若要放下专业知识而去面对某种环境或对象时，总会让我们不知道如何去面对和解决所面临的问题，所以世间法，还是要借重于专业知识。若要正本清源，解决人生的根本问题，便要采用佛法：第一，从佛法的观点，知道应将自我放下；第二，从自身的修行，练习着把自我放下，同时也用佛法的观点及方法来帮助他人。当自己的智慧尚未开发出来时，要借佛法的智慧。如果没有佛法的智慧，我们就不知道该用什么样的方法帮助自己，也不知该用什么样的语言帮助他人了。

三、放下自我

当你修行修到能将主观和客观完全放下之时，在禅宗称为“绝观”，也就是既不以自己的观点为观点，也不以他人的观点为观点，完全是以智慧来处理当前的事情。这便是无我的智慧，可以称之为悟境。

既然必须放下自我才能得到佛法的智慧，请问什么是“自我”？自我本身可以说没有这样东西，就因为本身没有这样东西，一般人不知道，所以放不下。世界上有两种人放不下自我：第一种是不知道什么是自我的人，第二种是觉得自我非常重要的人。

“自我”到底是什么？是一个念头又一个念头的连续，使我们产生自我的存在感。但是请问，你昨天的思想跟今天的思想，是否一样？你十五岁时的思想跟二十岁时的思想是否相同？当然不是。人的思想时刻都在变动，人体的细胞也时刻都在变动，佛法称这种现象是无常。人的身心无常，属于身心所有的眷属、财物、名誉、地位等，也在改变，亦都是无常。能够了悟万法无常是智慧，能够运用无常的万法自利利人是有福。

四、来去自在

外在环境中的自我，也是时刻在改变的。譬如：昨天你看到一位女孩，觉得她长得实在难看，今天和她深谈之后，发现她的心地善良，个性温柔，虽然外貌稍微差一点，但是心地很美，当你有这种思想的时候，对这位女孩的观感，马上就改变过来。所以，自我观念的改变，便会影响你对外在价值的判断；也可以说世界上的任何事物，都会因了你的自我而改变。如果内心能够平静，自然也能比较看得清外在的环境，遇到事情就不会那般地执著。

若能放下自我，便是得大自在，便能来去自如。这都是内心的境界。也就是说，若要我来，来了很好；若要我去，去也不错，这叫来去自在。并不是说：你要到哪里，就去了哪里；你要来这儿，就来了这儿。曾有一位禅师，身体虽然被关在牢里，心里却相当自在。旁人问他："您在牢里做些什么呀？"他回答说："我在遍游十方三千大千世界。"禅师不但在牢里身心自由，放出牢去当然也会觉得很好，这叫来去自如。能有这样的工夫，便是智慧的表现。这种智慧，就是不要把原来不是我的而妄想当成我。一个人如果能把自我放得下，不仅是智慧，也有大福报。智慧不见逆境，福报不遇困扰。

爱和恨，看来相反，实是一体的两面，好像手掌和手背，当你看到手掌的时候，你看不到手背，事实上手掌和手背是连在一起的。爱和恨本是一体，贪和嗔也是同性。佛经中以慈悲代替清净的爱，慈悲是无条件地付出，一般人的爱则是亲疏不等的关怀。慈悲是纯客观的爱，爱是出于自我的慈悲。

以前我在大觉寺的时候，有一些美国青年来跟我学打坐，他们多半是大学生或大学教授。有几次我们发动大家到庄严寺去开荒，大伙儿做完工作以后，我对他们说："真不好意思，让大家辛苦了。"他们说："这是我们欢喜做的事，所以很快乐！"这种喜做义工的观念、风气很好，不过欢喜本身和布施供养是不太一样的。欢喜是为了自我，布施供养是为了大众。

五、智者与菩萨

人都因了种种的自我而起烦恼，像现在各位坐在这里听经，听完以后如果觉得有道理，请问："是谁认为有道理?"是诸位的"我"；同样的，如果听了不满意，请问："这又是谁不满意?"仍然是诸位的"我"。事实上各位并不一定要完全相信我的话，自己还可以保留一点自己。"保留自己"是很重要的，但这保留自己的又是谁？还是诸位的"我"。

智慧一定要从自我开脱而得，不要作茧自缚。少一点福报，缺一点物质，还不要紧；如果没有智慧，多了烦恼，就不合算了。因此，有钱可能有福，也极可能无福；没钱可能无福，也很可能有福，差别是在于有没有智慧。有钱又有智慧，知道如何赚钱、如何用钱，这种人是福慧双全。

曾有一位有钱的太太，在她丈夫去世之后，便把所有的财产均分给了子女，在她想来，儿孙都是她的，将来都会孝顺。但到后来，她的晚景凄凉，钱在身边的时候，钱是她的，儿女也是她的；一旦把钱分给了儿女，儿女和钱都不属于她的了。所以，有一位有福报又有智慧的老人告诉我："老人应当有四要，第一要有健康，第二要有老伴，第三要有老本，第四要有老友。”我告诉他：“最重要的还要有智慧。”如果没有智慧，可能什么都有，就是没有收放自如的快乐人生。像那位老太太把子女当成是自己的，把钱分给了子女，子女的钱自然也就等于是自己的了。事实上这位老太太的想法不错，只是因缘的变化出乎意料。子女与老本，都不是绝对可信的，如果有了智慧，那才可靠，没有智慧就没有福报。这也就是为什么财布施的功德不如法布施的功德之原因所在了。

以此可知，没有钱的人只要有智慧，就会有福报，没有钱而有智慧，仍可活得很自在，仍会到处有人缘。有些人，愈穷愈可恶，让人看了就讨厌，那就是因为他们既不知求智慧，也不想培福报。有些人，外在虽然穷，内心很知足，安贫乐道，陶然自得，这是人间的智者了。有些人，不论有钱没钱，自知福薄慧浅，便来惜福培福，供养布施，奉献他人，结果便成了自利利人、悲智双运的菩萨行者。

六、培养福报

当我在日本留学的时候，我只租赁一间四个半榻榻米的房间，觉得已够用。我有一位同学租的是十三个榻榻米大小的公寓，他却经常在我面前叫穷、叫苦，叹住处局促不自在。我告诉他：“我的房子才四个半榻榻米，我住起来非常舒适自在，你的已经比我的大多了!”他说：“因为你是和尚啊!”这就是说一个不知足的人，在任何情形下都不会自觉有福报；同样的，有的人，虽住在深宅大院，高贵的华屋，也不会觉得自在满足。

以智慧来生活，以智慧来用钱，就会让你享受到惜福的快乐、培福的满足。以智慧来用钱，就能以少数钱做伟大的事，救多数的人。以智慧来处理金钱，便能使小钱变成大钱，用钱滚钱，不断地增加，成为大富长者。培福等于赚钱，布施功德犹如把无形的财产不断地存入银行，到最后你不仅成了银行的股东，也成了银行的老板，整个银行都是属于你的。没有智慧，便不会用钱，愈用愈少，福报也愈来愈小。福报就是拥有，而不是损耗。

福报像水，你我就像水面的船。福多水涨船自高，容易行驶；福少水低船搁浅，寸步难行。有智慧的人，不论有钱没钱，都能处处惜福，时时培福，所以有福；无智慧者，人在福中，仍不知福，一味损福，所以无福。别说未来的因果，纵在眼前，也不感觉到幸福，那便等于无福。

培福当从惜福做起，如同我们吃青菜时，往往会把外叶和根部丢弃，专挑中间最嫩的菜叶来吃；事实上，菜叶可以吃，外叶、菜梗、菜根也可以吃，把这些丢掉了等于是暴殄天物。

但是，培福不是为了享福，否则也是不智的。例如：过去曾有位很穷的老僧，自知无福，希望来生得好果报，又无身外的长物可以布施，就把衣服脱光，坐在草丛里喂蚊子，终其一生，不知道结了多少蚊子的缘，培植了多少福报。待老僧死后，由于他修苦行的福报，转生为人，即成了一国之君，做了国王，嗜吃鸭舌，每餐一碗。有一天皇宫门前来了一位僧人求见国王，僧人出示一样东西，问国王想不想看？国王当然想看，僧人即运用神通，让国王看看他自己的前生，国王才知道自己的前生是一位出家人，以及自己喂蚊子的经过情形，而那些蚊子有的变成了人，大部分变成了鸭子。鸭子一队队地来到王宫的御厨，一碗一碗的鸭舌上了国王的餐桌，到最后稀稀疏疏，已经没有几只了。这位老和尚就对国王说：“大王啊，剩下来的鸭子只有这几只了，吃完时，你的福报享尽，也当准备后事了！”国王看了、听了，十分害怕，从此再也不敢吃鸭舌了。

这个故事告诉我们，这位国王起先是培福的，到最后他把自己培植起来的福，通通享受掉了！因此我们在培福之后要知惜福，惜福才有福，培福是增福。

七、广种福田

把自己的福报给他人分享，才能生息，利息愈多，福也跟着愈大，因此培福以后要惜福，惜福之时要种福。广种福田，培福得福。

福田有两种分类：（一）三福田　1. 功德福田，是指佛、法、僧的三宝。2. 报恩福田，是指父母、师长。3. 贫苦福田，是指病人、穷人、困苦之人。（二）八福田　1. 佛，2. 圣人，3. 和尚，4. 戒师，5. 僧，6. 父，7. 母，8. 病人。

种福田就像我们以有限的种子，种到田里，而生产出更多更多的收获，所以，没福的人要种福培福，有福的人要惜福增福，使得福德愈来愈大，最后达到福智圆满的程度，便是成佛。希望诸位能用智慧来培养自己的福报，用福报来培养自己的智慧，祝愿大家，早日成佛。

1992 年讲于纽约台湾会馆，傅丽卿整理

禅——自我的提升

佛法讲无我，但是众生皆有“我”。佛在经中，也处处以“我”自称，如：“我如来”、“我世尊”等，代表着佛也有我。不过，凡夫的“我”是烦恼的执著，佛的“我”是对救度众生而言的假名施设。

《阿含经》中有“四念处观”，是要我们：1. 观身不净；2. 观受是苦；3. 观心无常；4. 观法无我。凡夫以不净为净，以苦为乐，无常为常，无我为我；佛则说这是四种颠倒，是烦恼生死的根源。但到《大涅槃经》中通过解脱慧的观点，又以常、乐、我、净，为大涅槃所具的四德。

一、成佛之后的假名“我”

就基础佛法而言，是讲不净、苦、无常、无我的。因为身体的诸根常流不净，故说“不净”；心有所受，毕竟皆“苦”；一切心念，刹那生灭，故说“无常”；身心既是无常，一切诸法，即非真有，故说“无我”。

常言人生有四大赏心乐事：久旱逢甘霖、他乡遇故知、洞房花烛夜、金榜题名时。但从佛法的角度看，世间的乐，并非究竟的乐，因其皆属无常，故称为“坏苦”。

不净，包含了三层意思：

1. 境不净：因为国土危脆。

2. 身不净：因为是血肉之躯。

3. 心不净：因为有烦恼无明。

身、心及世界皆不净，亦即涵盖了物质及精神的整体世界，都不是清净的，所以生命的事实，便是苦报的现象。然而，《大涅槃经 · 光明遍照高贵德王菩萨品》所说的“常乐我净”，不是凡夫的身心世界，而是解脱的涅槃妙心。至于佛陀自称的“我”，乃是假名的我，不是自我中心执著的我；那个假名的“我”，是代表着智慧及慈悲。

智慧有两种作用：一是自解脱，二是解脱他。度众生虽用智慧，但必由慈悲而生，当在度众生时，慈悲与智慧必须同时出现，没有智慧的慈悲是会有问题的。

佛的“我”，代表着智慧及慈悲，有真慈悲一定有大智慧，有大智慧者一定会有大慈悲，两者不可或缺，两者相辅相成，如鸟之有两翼，所以佛的另一个尊称是“两足尊”，即是福慧具足。修福是慈悲，修慧是智慧，智慧及慈悲究竟圆满后，仍在广度众生，就须使用“我”了。

二、六道众生 · 唯人成佛

要怎样才能成佛呢？佛是由凡夫开始修行而后成就的。凡夫的范围共有六道：天、人、阿修罗、畜生（傍生）、饿鬼、地狱，或省略其中的阿修罗而称“五趣”。六道中，只有人类可以修行佛道，其他的五道众生，除了是菩萨的化现，均非修学佛法的道器。而人类可修的有三等：1. 大乘的菩萨行；2. 声闻缘觉的二乘行；3. 凡夫的人天行。

菩萨的等级很多，有凡夫菩萨、贤位菩萨、圣位菩萨等。佛的十种称号之一是“应供”，意即阿罗汉，释迦牟尼佛便是究竟阿罗汉，也是究竟菩萨。而圣位菩萨，有初地以上至十地以前的菩萨；尚有十地以上补处佛位的菩萨，例如：观世音菩萨、大势至菩萨、地藏菩萨、普贤菩萨、文殊菩萨、弥勒菩萨……

三、发大愿心·起惭愧心

要成佛，必须先通过菩萨的阶位，而欲到达菩萨的阶段，必须先发无上菩提心，即是发大愿心，例如：普贤菩萨发有十大愿，阿弥陀佛在因地时发了四十八愿，一切菩萨至少皆发四弘誓愿。《金刚经》中提到“应无所住而生其心”，就是为了要发“阿耨多罗三藐三菩提心”，即发“无上正等正觉心”，也就是发无上菩提心。如《华严经·净行品》中所言：“自归于佛，当愿众生，体解大道，发无上意。”也是发的大菩提心。

发菩提心，实际上就是发愿之意，其中最重要的，是发广度众生的坚固愿心。地藏菩萨的大愿是：“地狱未空，誓不成佛；众生度尽，方证菩提。”一切菩萨个别发愿是“别愿”，尚须具备四弘誓愿，则是共同的“通愿”。

我时常在禅七中教导参加禅修者们，应效法释迦牟尼佛那般地发弘誓愿。当佛陀未证道以前，在一棵毕钵罗树下，用草铺成一个座位，平稳地坐下来，然后发出大誓愿说：“我今若不证无上大菩提，宁可碎此身，终不起此座。”结果呢？因为释迦世尊坐在那棵树下而成了佛，亲证了无上菩提，所以后来称它为“菩提树”，意即正觉之树。那个用草铺成的座位便称为“金刚座”，即是因坐此座而完成了坚固的大誓愿心。然而，当我勉励禅众们，坐稳以后也发“若不开悟，绝不起座”的愿心时，却绝少有人敢如此说。不得已退而求其次说：“引磬声尚未响前，腿和身体不许随意乱动，心里也不期盼引磬的美妙声音早点响起。”发这种愿的人比较多，但也不能持续很久，大概可维持几炷香的时间。可是当打坐的时间一直延长下去，所得的结果是愈坐愈痛苦，愈痛苦愈不能控制自己的身心，最后唯有放弃所发的誓愿一途，别无选择。有位禅修者说：“师父，这种愿等于没有发，我每发一次愿便欺骗自己一次，因为我实在没有办法实践自己的誓愿，既然无法如愿而行，倒不如放弃算了！”我说：“不行，你破了自己所发的愿，应生起惭愧的心，惭愧自己对不起自己，因为自己没有遵守自己所发的誓愿；想想自己为什么要发这种愿，其目的无非是为了要度化众生而积聚功德资粮。就因为自己障深业重，所以没有办法精勤地修行，因此说对不起自己，也对不起众生，更是对不起佛菩萨。凡是能生起惭愧心的，下炷香可能会坐得好一点。”

四、自负责任

就各人自己而言，若发了愿而未能实行，须生起惭愧心。凡有惭愧心生起，便会自勉自励而不易懈怠。生起惭愧心的同时，起恶念、做坏事的可能性也就不大了。如果惭愧心生不起来，则先修忏悔行。忏悔有三种方式：1. 向已忏悔（责心忏），2. 对佛菩萨像前忏悔，3. 对知语的人忏悔。从戒律上来讲，最轻的过失用责心忏悔，重的则要对人忏悔。对人忏也依情节轻重而分对一人、多人及二十人僧众忏悔的不同，借人及公众的约束力，来帮助自己的精进和清净。

没有惭愧心的人，应该经常反省，若未对己、对人负责任，则须忏悔。唯有自动自发地忏悔，才能与惭愧心相应；若是受人指摘、告发而不得不忏悔者，便不算是真有惭愧心了。

一个修行人，首先须对自己负责任，既已发心成佛，便要发愿度众生；若发了愿而未负责任，应生惭愧心，惭愧心生不起，则要忏悔。若能以忏悔与惭愧心相应，此愿便会逐渐成长。

不是仅发一次愿就可完成的，需要天天生惭愧心、天天修忏悔行、天天发大愿心，但到了八地菩萨的果位，悲智自然运作，便不需要再发愿。凡夫以业力而受生死苦报，菩萨以愿力而入生死救度众生。以业力入生死者，如进监狱受刑，是被动而没有自由的；以愿力入生死者，则如到监狱弘法，是出于主动，能够自由出入的。以愿力入生死者是菩萨，而以业力入生死者是凡夫。

若说菩萨以愿力入生死是出入自由，以业力入生死的凡夫，是否也有自由出入之可能？是的，只要我们的信愿坚固，加上精进实践，便能得到自由。故知凡夫也有可能得到生死的自由。

道理很单纯，若要成为自由的人，首先得成为负责任的人，因为负责任则没有懊悔或挂碍，才有真正的自由可言。作为一个负责任的人，首重对自己负责任，然后对人、对众生负责任。记得我刚出家时，对先师东初老人说：“我要做一个安分守己的出家人，绝不让您老人家失望，也不会对不起佛教。”先师说：“你不该这么说，应倒过来讲，你只要不会对不起自己，不要使自己失望就好。”先师的这番话，对我的影响非常的深远。师父只是指出一条路，教你如何走；而要走上这条路，尚得靠自己一步又一步地向前走，要付出恒心、耐力及时间，脚踏实地，将自己的足踩过去。如果未经自己的足踏过，怎能说是自己曾走过呢？例如：佛道或菩萨道，已经有很多的佛菩萨及祖师们走过了，这条路好像已是现成的，但是，如果你想通过，还得印上自己的脚印，否则，那是诸佛菩萨及祖师们所拥有的道路，跟你自己毫不相干！所以要先对自己负责任，才谈得上对人负责、对众生负责任。

五、别业共业·小心谨慎

或许有人会问：“个人的力量如此薄弱，对自身负责已很吃力，如何能对众生负责呢？”实际上，我们的每一个念头，都是全部的历史，在举心动念中，都是在接受过去也影响未来。每一个念头都无限地深远，每一个动作都是全体的宇宙，个人即是联系着整个的时间与空间的无限。换言之，现前一念，贯穿古往今来；个人动作，联系宇宙全体。

佛法所讲的“业”，有“别业”与“共业”之分。别业是个别的众生造了个别的业，使不同的众生，接受各自的果报；共业是不同的众生在不同的时空，造了同类的业，使得不同的众生共同接受同类的果报。例如：家族有家族的别业及共业，公司有公司的别业及共业，国家有国家的别业及共业等。别业则是个别的自己所造，仍由个别的自己承受；共业是共同所造的，亦由众生共同承受。很多事被世人看成偶发的个案，事实上必定是多种因缘所促成，与整体均有关系的。故在别业中有共业，在共业中有别业。

大家不要忽视了各自的心力，须知每一个人在任何一个念头的发生，都必须非常的留意、谨慎、小心。我们产生的每一个念头，都与上下古今有关系，一言一行的表现，都会对自己及他人有多方面的影响。故我们的行为若不小心谨慎，将会自害害人，不负责的结果，便很可能为许多的众生带来灾难。

整个宇宙的时间及空间，都是在循环中进行的。在时间方面，佛法讲“三世因果”，若不解脱，永远流转。此生是由过去而来，也将通向未来世去，虽经百千劫，果报还自受，一己所造之业，定会在生命的迁流之际呈现出来。所以，若有人认为：“现在做坏事没关系，只要将来修行便可得解脱。”这样的观念是错误的，那是对人对己不负责任的说法。

在空间方面的彼此关联，也是相同的。任何一件事，都不是孤立的，互为因缘，宾主相倚，息息相关，没有一人、一事、一物是可以自外于世界而存在的；所以对己对人，不论是为了自私的理由或道德的理由，都须负起责任，这便是禅修精神。禅法的修行，就需要时时刻刻脚踏实地，负起责任。

六、少欲知足 · 提升自我

禅修者的心态，是要在行为上没有做坏事的预谋，若犯了不预知的过失，则以惭愧心来忏悔即可。所谓“人非圣贤，孰能无过。”知过能改，便是善人。

经律中常见到少欲、知足、知惭愧、忏悔、忏悔则安乐等的连用语，都是有助于自我提升的道理和方法。

（一）少欲

完全没有欲是很难的，但要尽量减少。凡对个人物质生活享受的追求要少，凡对社会、对众生有益的修行，则要精进不懈。

（二）知足

针对个人身心所求的私欲要知足，对于上求佛道、下化众生的修行，则永无止境。

（三）知惭愧

发现自己有了过失，不论是对不起自己，或是对不起他人，都要觉得羞耻，生起惭愧心来。

（四）忏悔

生起惭愧心之后，更进一步，需要忏悔。承认自己做的错事，决心要对自己的行为负责任。

（五）忏悔则安乐

能对自己的行为负责，便会心安理得，心中也不再有挂碍，故能在“我已承认”、“我当负责”的情况下得到安乐。

当我们遇到各种困扰及困难之时，遭受各类打击和挫折之时，或许会因找不到原因来解释而觉得委屈及不平，但要知道，这些都是过去世自己所造的业因，为今世带来的结果。所以，我们应该平心静气地面对眼前的一切事实，能解决者设法避免，不能解决者则勇敢地接受它，安乐即是来自面对及接受。

学佛的过程，便是通过认识自我、消融自我以达成自我成长、自我提升的目标。

1992 年 2 月 11 日讲于法鼓山新春禅修营，苏晓玲整理

禅——自我的消融

自我是最难消融的，这是最可爱、最坚固，也是最讨厌的东西。人人都知道用自我中心的观点来衡量人、要求人、评断人、指责人、支配人、改造人，却很少想到其他的每一个人，也有各人的自我中心。因此就产生了种种的对立，彼此之间摩擦不断，也争辩不休。可是，从禅修的立场就有办法使得自我消融。

或许你们会问："圣严法师，你是不是已将自我消融了？"可以这么说，从小时候起我就是常想到自己有什么东西可以给人，但未想到我是个施与者。如同现在，仅考虑到如何将我所知道的佛法，以何种方式来供养诸位，却没有想过，站在台上的是位老师，应该以老师的立场来教训学生。这好比当我在某小吃店，尝到非常可口的饮食以后，只要有机缘便欣然地向人介绍，希望别人也能分享美味。然而，店中的食物并不是我的，也不是由我烹煮调配的。人们能享受到的，也不是我所给的，是人们自己拿钱购买来的。

不过，教人消融自我比较容易，自己来做则很难。最近，我们有一个专职的职员外出受训，回来以后，自己以为学到了很多新观念，也懂得了很多新技术，于是逢人就说："要尊重他人，能尊重他人，才能获得他人的同情、爱戴和拥护。"结果，有人立即问他：

“你能不能接受他人的建议?”他说:“我现在告诉你，是希望你能照做，你还有什么好建议的呢?”对方说:“你刚刚口口声声说‘要尊重他人’，如今，是不是也该尊重我们呢?”他说:“我是教你们要尊重他人，但不是教你们要求别人尊重你们。”

我还有一位聪颖敏慧的出家弟子，他时常为常住大众做企划工作，策划某人当做某种执事，该执事应如何如何地照着去做便会做得非常好；他策划这个人应该要这样做，那个人又应该要那样做……但是，每当常住大众要求他或指派他做某项执事时，他总是说:“我是策划人，不是执行人，我只计划让别人做，至于我自己呢?还未想到要当执行人。”请问诸位，处在现今的社会上，包括你自己在内，偶尔是否也是如此的人呢?

在座的诸位，几乎都是各行各业的领导人物。当你们指挥人时，又如何呢?是不是或多或少犯了这种“自我中心”的毛病而不自知呢?这次禅修营的主要课程之一，即是训练大家如何消融自我。以下就围绕着这个主题，来分析自我是什么?又以什么方法来实践自我的消融。

一、自我是什么

站在佛法的观点看“自我”，可分成两个部分:

(一) 人我

人我包括“你、我、他”，细究之，则只有主观的“我”以及客观的“他”。《金刚经》中，以“我、人、众生、寿者”来涵盖。

所谓“我”，是指单独的个体，也就是自己。“人”是指与自己相对的另外一人“你”。“众生”即是包含“他们”，也就是多数的“你”。至于“寿者”的意思是因不断地遇到“你”和“他”，而在时间上是延续的；换句话说，在时间之流的你、我、他，都称之为“寿者”。

（二）法我

“法”是指统一的东西。“法我”即是“五蕴”（色、受、想、行、识），前一属于物质界，后四属于精神界。五蕴总称为“我”，就是法，所以五蕴也称为五蕴法，它是三界之内的生死之法。

小乘观察到五蕴假合的我，是由于地、水、火、风的四种基本元素所形成。四大调和，便会身体健朗；四大违和，便会产生疾病。所以，不以色身为实在的我，不应执取色身为我而造种种的生死业。换言之，小乘看到五蕴所成的我虽假，五蕴法则不空，故不希望再受生死。也因为畏惧生死，所以希望求入涅槃，一旦修行成功，便不再处于生死之中，离开了现实世界。这种将生死与涅槃分为两截的执著心，便是法执，又名“法我”。

大乘菩萨是住于生死而不著生死，虽在生死之中，却不受生死的束缚。如《心经》中所说：“照见五蕴皆空”，即度一切生死苦厄，既然五蕴皆空，虽有生死，也是空的，于是便不怕生死了。

二、“我”的消融方法

“我”的消融方法，可分成两个部分：1. 观念思想上的消融，2. 方法技巧上的消融。

（一）以观念思想消融自我

为何有“我”的存在？“我”的事实又是什么？由于有了我贪、我嗔、我痴、我慢、我疑、我见等心理活动，便产生了“我”及“我所”的执著。

1. 我贪：是指贪欲。贪吃、贪睡、贪名、贪利等的五欲，都是贪的现象。什么是五欲呢？通常分有两类：（1）通俗的说，财、色、名、食、睡；（2）正规的说，色、声、香、味、触，此为佛经中常用的观点，眼见色，耳闻声，鼻嗅香，舌尝味，身体所接触到的一切感受，如：冷、暖、滑、涩、轻、重等。

2. 我嗔：贪不到、求不得、丢不掉、摆不脱，便生嗔；或者已贪得却又失掉了也会起嗔。凡是不如意、不称心、不满意的皆会引生嗔心。

3. 我痴：不明因果，不识因缘。如果为求私心的满足，希望不合理的事情成为事实，就是违背因果；如果不种善因而盼得善果，或种了恶因而欲拒绝恶果等，就是不明因果。本来可以努力尽人事的事，却未尽心力、未能成事，或者已经尽了心力，成就了事业，却以为全出于自己的功劳，便是不懂得众因缘所生的道理，就是昧于因缘。

4. 我慢：可分为四种：（1）骄慢，自觉了不起，不一定有理由；（2）过慢，自觉强过别人而起慢心；（3）增上慢，在修行上得少为足，有了一点小小的经验与成就，便自觉已获无上的圣智、圣果；（4）卑劣慢，也就是一般所说的“酸葡萄”心理，自己很差劲，没有出息，却见不得别人好，不但不赞叹，甚而鄙视别人的优点及成就。

5. 我疑：不但怀疑自己，同时也怀疑别人。这是与信心相对的，凡自信心薄弱者，便会对自己的能力产生怀疑。人应该相信自己，才能除疑，否则就不会做成任何事了。另一方面，若怀疑别人则会树立很多敌人，以致发生四面楚歌的情况。疑人不用，用人不疑；不论于己于人，疑心即生暗鬼。当然，作为一个修学佛法的三宝弟子，对三宝师僧，切切不得怀疑，否则便是惹魔了。

6. 我见：包括五个项目：身见，是对身体的执著。边见，是执有永恒的常见及不信三世因果的断见。邪见，颠倒善恶，错乱因果，拨无因果的看法。见取见，以下劣的知见为好为上，执持不舍。戒禁取见，以不合因果、不合佛法的思想行为，作为必须遵守的戒条。

以上六点，是由观念上来分析构成“我”的因素。而“无我”，就是将上述六点渐渐除去，或顿时放下。没有以上六类心理现象，也就没有“我”了。

很多人希望能够由开悟而得解脱，使得自己得以自在，但要开悟的是什么呢？必须了悟“我”是虚妄的，除了“我的”之外，只有以上六种根本烦恼，并没有真正不变的“我”在。我的五欲，我的贪、嗔、痴、慢、疑、见等，皆是心理现象，除去这些现象，就无处可寻“我”了。能够了解这些，就可知道“无我”是什么了。

过去禅宗寺院，接纳新进禅者，进入禅堂之初，便会被执事者告以两句话：“色身交与常住，性命付予龙天。”也就是唯有不管生命的死活，通身放下，全心放下，才能死心塌地地用功修道，亦即兵家用兵“置之死地而后生”的要诀。对常人而言，这个虚幻而又麻烦的“我”，不容易丢，舍不得丢，也害怕丢掉，所以也就不容易开悟了。

（二）以方法技巧消融自我

仅仅在观念上分析“自我”的结构虽有用处，却没有大用，必得身体力行，用方法来实践，才能得力。目前在市面上介绍禅的书已很多，但都限于写禅、说禅，甚至是把禅宗的公案语录，当作文艺欣赏，读了之后，在想法上也可能有点帮助，但其用处不大。

亲自实践，在佛法中称为修行。一定要经过修行，才能实证。从方法的实践而有身心的体验，能以全生命的投入之后，一旦与无我的事实结合为一，便是证悟。

口述的“无我”，不是由生命体验得到，而是从思考、知识来了解的，故不能称为证悟，只能名之为了解。不过这一层次仍是重要的，其次第是由信而解，由信解而修，由信解修而亲自体证。

三、实践的方法

（一）炼心

所谓炼心，实际就是炼“我”。平日的“我”是非常散漫不踏实的，故可称为散乱心的我。我们必须用方法来调理身心，以数呼吸、持佛名号、观身受法等，来达到集中心、专一心、统一心的境界。其中观身受法，是指观身体动作的感觉，“观”后，还须加上“照”及“提”的工夫。

数呼吸时，若忘了数字，打了妄想，便不是在“观”，发觉之后，马上再将方法“提”起来，然后继续观。“观”时要清清楚楚地知道自己在做什么，这也就是“照”。“观”与“照”一定要同时并用，才不会流于散心或堕入昏沉。观后一定要照、要提，然在如此用功时，切切不能急躁，不能使猛力，当以细水长流的方式进行。否则必须有相当的心力及体力才行，而且也容易忽好忽坏地交互进行，使你不能持久稳定。

炼心的初步目标，是把“散心”的我，变成“专心”的我，对于每一个念头的活动，都要能清清楚楚。专心之后，进一步要达到“一心”，也即是从专一心，至统一心。

统一的心念也有三种：1. 自我身心的统一，2. 自我与内外环境的统一，3. 自我的前念与后念统一。

数息上了路时，还有三个不同的念头交互起灭：1. 我，2. 我在数呼吸，3. 我观照数呼吸的数目。这三个不同的念头，前后次第，稳定出现，虽有统一的念头，仍不是统一心而只是专一心。统一心，则只有一个“我”的念头，清清楚楚，实实在在，明明白白，已经不数呼吸，也没有呼吸的数目可以让你观照了。

前面已经提过，炼心就是在炼“我”。常人的我，是分别、执著、散心的我，无法自我作主，无能自我驾驭。所谓心不由己的原因无他，只因烦恼重，业力重，提不起又放不下。欲由散乱心进入专一心，首先要放松身心，放松头脑，然后提起所用的方法。平时若遇境界现前时，立即放松头脑，可避免很多的摩擦及冲突，自己也较不会冲动、生气、与人争辩。

专一心之后，进一步便进入如前所述的统一心，它有三个层次：

1. 身心的统一。身心统一，主要是由于心念稳定、落实。若在乎身体的存在，则是一项负担，不舒服。若能让心稳定于方法之上，或专注于某一动作、某一项工作之上，便可忘掉身体的存在及身体的负担。

2. 内外的统一。能够内外统一，而将“我”消融在环境之中，并不太难，譬如艺术家便可以做到，而欣赏音乐演奏、绘画等艺术品或是自然风景，也能陶然自得，浑然忘我，便属此类。宗教家及哲学家“天人合一”的体验，也属此一层次。

禅修的人，当在面对所有人事物的情况时，若都没有对立的感受，其感觉便已把他们的自己与整个环境统一起来了。禅修者若已真正达到内外统一的时候，便已没有优劣之分及内外之异了。统一就是无差别，若在用功时，体验消融自我，体验到没有烦恼的心境，但在不用功时，问题仍然存在的话，便只能称为统一，而不能称为开悟，因为此处未将“我”视为没有。虽说如此，有了这样统一心的经验，总是好的。至少可以不与身心之外的事物处于紧张的状态了。

3. 前后念统一。欲达到前后念统一，非常的不容易。此时不知道有前念，不知道有后念，唯知住于现在的一念。在定中，若一直保持住“现在”这一念上，便没有时间，因为前后念已统一，出定后，时间又再度出现。

《金刚经》说：“过去心不可得，现在心不可得，未来心不可得。”然而前后念的统一，是否就是此处的三心不可得呢？很明显地可以看出，前后念的统一并不等同于《金刚经》中所说的三心不可得。前后念的统一虽然没有过去，没有未来，但仍拥有现在，还是有“心”，还是有“我”，尚未超出“我”的范围，虽无分别，仍有执持。“我”实在是极不易去除的，除了炼心之外，第二个方法就是“破心”。

（二）破心

破心就是将“有我”的心粉碎，方式有二：

1. 沉淀法（默照禅）。若将统一的心，止于一念，那仅是定；若能灵明廓彻，既不住于止，又不停于观，心静如止水，心明如皎月，便会“桶底脱落”，悟境现前。如在一个桶中盛水拌泥，泥沙渐渐沉淀桶底，起初搅动，泥沙犹会翻起，但沉淀到最后，水已澄清而桶底终因太重而脱落，此时桶内空空如也，水与泥都不复存在了。既无可止可定的心念，也无能观能照的心念，便成无念亦无心，而亲见无我。

2. 爆炸法（话头禅）。即反覆不停地参一个话头，问话头之前的究竟是什么？但是不准你替话头给答案。历代有名的话头很多，例如：“拖死尸的是谁”、“未出娘胎前的本来面目是谁”、“念佛的是谁”及赵州从谂禅师“狗子无佛性的‘无’是什么”……

切记参话头时，开口就错，动念即乖，故在自己参话头时，不要有任何回答，更要有勇气不断地否定自己所发现的答案。如此，到最后会突然发现大地落沉，虚空粉碎，也等于桶底脱落。

1992 年 2 月 10 日讲于法鼓山新春禅修营，苏晓玲整理

禅与人生

非常感谢《中华日报》的邀请，及台南民众的热烈支持，前来捧场。许多人通过媒体，知道花莲有个证严，而不晓得台北法鼓山有个圣严，还有人以为是同一个人。倘使今晚大家真是因为搞错而来，那我真要说声抱歉。

一、什么是人生

人生是苦乐忧喜，人生是悲欢离合，人生是成败得失，人生是生老病死，人生是富贵贫贱，人生是善恶是非……除了上述六项外，尚有许多名词可说明人生。今日且以佛教观点来透视人生。

（一）人生是苦乐忧喜

佛家讲人生是苦，一般人却讲求欢乐。欢乐是事实，但为时短暂。享受之前要历经苦，享受之后还是苦，因此许多事仅见中间一点是乐，前后两端仍是苦。

忧是忧虑、忧愁，对未发生的事先忧，发生后，未有结果亦忧。喜与忧就如乐与苦，喜是短暂，忧仍较长。佛法对人生的解释如此。

俗话说："家家有本难念的经。""人生不如意事，十常八九。"可见喜少忧多。人生常忧虑，即或要"走"时还是免不了担心。担心不知何往，担心子孙祸福，更担心以后别人对自己的看法。

（二）人生是悲欢离合

喜家族团圆，悲生离死别。夫妻在谈恋爱时是苦是乐？小说家以"苦酒"比喻恋爱，可见爱中仍是有苦，婚后仍免不了时苦时乐。

以我个人而言，也是劝合不劝离，赞成合不赞成离。我虽出家，但我主张在家人既已结婚，就不要分离。

（三）人生是成败得失

人的一生，在成败得失中打转，失败可说是一种锻炼。拿今晚来说，不要以为有许多人来听讲，就是圣严的成功，事实上，成功的是《中华日报》，大家都是看《中华日报》而来；若是上了大当，我讲不好，大家要骂，不要骂我，要骂就骂《中华日报》！(哄堂大笑)

凡人得到的，不会认为已经够多；付出一点点，却感到付出很多，人大抵如此。俗话说"忘恩负义"，话虽毒，不失为写照。有些人有了一点成就，就认为全是自己的努力成果，丝毫未想到别人也同样有所付出。

（四）人生是生老病死

生老病死是一生必经的过程，没有人能避免，人都不希望死，却非死不可。相反的，人都希望别人祝自己长寿健康，却没想到长寿健康是有条件的。

（五）人生是富贵贫贱

过去光脚上学读书十分普遍，如今谁还光脚？因此今天大家都称得上富贵中人，不属富贵，怎有时间来听法师说“禅与人生”？（掌声）

贫贱与富贵无法常保。富久了自会懈怠，富过三代者必是不多；贫家反能出现伟大人物，但往后又不过三代。富贵只是昙花一现，如果人人皆富贵，就无贫贱一词，也无富贵一词了。因此，如知处贫贱，就要加倍努力；如知处富贵，更应保持警觉。

（六）人生是善恶是非

善恶是非，是否有一定标准？善恶全是以是否“对人有利”而定，非以个人标准衡量。人常不以为己恶，甚至做了强盗也不承认是坏人。是以善恶应以社会的共同标准作定则，以多数人的需求为依归。

佛教徒当常反省，借以发现自己的缺失。上述人生的特征，要能了解，否则苦不堪言。

二、什么是禅

我说正面是禅，反面是禅，正反两面都是禅，正反两面都不是禅。也许听众听不下去了，要说这岂不废话！

事实上，禅并不一定是什么，也不肯定或否定什么，禅是你要什么就给你什么。

正面是禅，说明禅有其基本要件，那就是相信因果。没有因果就没有佛法，没有佛法知见，就没有禅法。

反面也是禅，佛法的道理是工具，并非目的。佛法能除去自我执著的烦恼，烦恼多就智慧少。《金刚经》说："如筏喻者"，过了河后（悟道），筏（佛法）已不需要了，抛之可也。道理有用，若执著道理，便成了障碍。

可是许多人颠倒过来，认为不需要佛法，也毋须信因果，或者是倒因为果，那便是野狐禅了。以平日佛前供养鲜花为例，供玫瑰或供百合，佛皆不会选择，只要供花的喜爱，不论供这供那，或者供或者不供，全部都好！我们谈到许多问题，都是要从内心做起。

事实上禅的初步是不可有自己，只能有别人，别人要什么，自己就是什么。大家知道观世音菩萨没有固定形相，众生要什么，就示现什么。

正反两面都不是禅，这是更高一层了，对修行者或悟道者而言，并不要肯定什么，或否定什么，也没有一定的需求。根本上，没有自己的立场和需要，但其存在如明镜，汉来汉现，胡来胡现。

去年在加州一次演讲后，有听众问："你到底是开悟了没有?"我反问："你是要我答开悟呢？还是否定?"对方说："只要实话实说就好。"我答："实话实说，可真难说。我说悟了，你信吗？我说未悟，你会认为未悟的人怎可在此大放厥词!"

三、什么是社会

社会是人生的舞台，它有许多的配合行为，例如，各种社会团体的宗旨，就是结合来自各行各业的人士，一块儿奉献心力，贡献社会。因此，不管是同行或者不同行，大家应该相互协助，共同关怀。

从信仰的关系来说，各人的角度容有不同，仍该彼此结合，各尽其力。但目前的社会，往往同信仰者还可相互帮忙，对不同信仰的就会排斥。若能相互包容、忍让、学习，社会才有进步与和谐。而一般所谓社会，大抵只照顾自己依存的团体，而无视其他团体的利益。

上周北投中华佛学研究所邀请一位牧师演讲。牧师上台首先说："对不起，我是基督教的牧师，一定会讲基督教好。"这话一出，立即引来了掌声。牧师反而感到纳闷，我就对他说："你说基督教好，这是正常的。倘由我们来讲，也不好说基督教比佛教更好呀。请你来，主要就是藉你来介绍基督教。"

结果这位牧师当场邀请我，下回去向他们基督教的学生演讲佛学。以传教士及法师的立场，各说自己的宗教为优，是绝对正常的，但也要能相互尊重，唯有如此，才能增进人类的幸福。能相互尊重，人与人之间的争执就少了，对立、纷争也少了。此时，似乎可以约略体会到"净土"的味道。

四、什么是净土

什么样的地方是净土呢？1. 没有困扰的生活环境，2. 没有罪恶的社会环境，3. 人的内心不会矛盾及烦恼。

罪恶是什么？简单地说，罪恶因人造，罪恶因人起。烦恼之心是罪恶渊薮；损人利己和损人不利己，都是罪恶。个人对家庭、社会都会造罪恶，大罪恶是使人的财产、生命受到损害，小罪恶是令人烦恼、不舒适。

但人们往往不自觉地制造罪恶！大家只注意到报上绑票、强盗等大罪恶，却忽略了自己的言行是否无意间也造成了伤人的小罪恶。我们常愿社会无罪恶，却少想到也让自己不制造罪恶。

罪恶来自烦恼，烦恼则由自然环境、社会环境，以及内心的矛盾而来。自然环境的不正常，会令人不自在、不愉快，而如何适应自然环境，让自己愉快，则是重要课题。

有一次在我们的“禅七”中，突然断了电源，暑热难当。我对大家说：“天气热，身体热，由它热，内心不要热就好！”因为“天气”、“身体”都不是“我”，摒除这些，自然热不起来了。其实对付天气、环境、内心的问题，都应以同样的办法来解决。

另有一次，我曾口头对一位居士不太客气，他回去就写封信来，除了解释他自己，又谴责了我。隔三天他来问我：“信接到了没有？”我说：“接到了，也看得仔细。”他问：“你觉得如何？”我只说：“我已知道你如此说了，但我并不生气。”这使他觉得意外，事实上天下本无事，只是庸人自扰之。

说起战争，应是人的天性，人与人争，人也与自然争战。有次美国有“和平派”与“战争派”纷争，由于和平派声势浩大而赢了，结果报纸上的标题说：“和平派战胜了。”这是多么愚痴的讽刺啊！既是和平，还有战胜吗？

佛教徒要使世界不战争，就要由个人做起，以慈悲代替怨恨，那么，世界上的暴戾气氛将会减少。人人接受佛法理念，世界也会减少纷争。

所谓和平就是没有恐惧，也就是不论生活、生存、名誉、财产都不受威胁。恐惧的心，与生俱来，恐惧来自不安全的感觉，而怕死则是不安全的主因。

身体是暂有的，学佛的人如何才能不恐惧？就是把自己当作没有生过，已经死了。唯有置死生于度外，才可免于恐惧。

因此，和平安乐的环境，不在心外，而是在各人自己的心里。所以，只有在大家心中有了净土，人间环境才是净土。《维摩经》说："直心是道场"，"随其心净则佛土净"。若能做到心中无私、无欲、无贪嗔烦恼，所见世界，便无一处不是净土。从佛眼看众生，大家都是佛，因为佛的境界，没有人能打扰他，使他烦恼，这不是净土是什么？我们虽尚未成佛，但可学其精神，要求自己学着来做，便能使自己的世界成为净土。

下面用几句话来送给各位，作为结束："一念存好心，一念生净土；一念离烦恼，一念见净土。一处有人行善，一处即是净土；处处有人行善，处处都见净土。"

1991 年 3 月 12 日讲于台南市文化中心，

《中华日报》3 月 13 日刊出，记者张立明整理

禅与生活

一、无话可说

在《维摩经·入不二法门品》中，文殊师利菩萨云："于一切法，无言无说，无示无识，离诸问答，是为入不二法门。"转问维摩诘对于不二法门的看法，维摩诘居士竟然"默然无言"。文殊因此赞叹："乃至无有文字语言，是真入不二法门。"可知真正的禅法，即是不二法门，也当无话可说。

二、禅是什么

今天，我也只能和诸位谈谈无话可说的禅法，却无法告诉诸位，禅法的内容是什么？因为真正的禅法是不可思议，无法以语言文字和思辨来解释的。自释迦牟尼佛开始，便认为真正的法，是无法用语言来说明的。所以他成道之后，说了四十多年的法，在临入涅槃时，却告诉大众说："我这一生之中，说法四十九年，谈经三百余会，未曾说着一字！"

刚才裘李炯教授把我六十多年的生平，在短短的两分钟内介绍完了。请诸位想想，六十多年的经历过程，怎么可能在两分钟内介绍完呢？这就说明，任何一种现象，如果用语言文字来介绍的话，也只是一种浮光掠影的概念，而不是该现象的本身。

中国的禅法，是指那不须通过语言文字及想像说明的任何一样事实；它是绝对的真实，随时随处都是现成的禅法，但是也没有一物就是禅法的本身。

三、什么是生活

每天的活动都是生活，奇怪的是，人们却不知道为何会如此地生活。小时候，父母要我们那样地生活；上学了，老师指导我们过学生的生活；在美国，追求独立自主快乐的生活；在台湾，追求民主富足平安的生活。可怜的是，我们经常是在大环境的摆布下，无法依照自己的意志来生活。往往我们希望能准时赴约，结果路上塞车而迟到了；打算晚上去看电影，结果是带着小孩到别的地方去了。所以，我们的生活不全是自己能自主的，而对于自己的生活也不是很清楚的，我们以为已经体会了自己所听到的、看到的、吃到的东西，事实上却不尽然。正如我现在讲的话，诸位听了，领会到的却是因人而异。这就表示客观的事实与主观的自我，所感觉到的生活并不相同。因此，我们常常不清楚其他的人发生了什么样的事，便以自己的想法和看法，猜测人家、代替人家、说服人家，往往我们是存着好心替人家解决问题，结果却增加自己的困扰，也为人家带来更多的麻烦。

因此，所谓生活，就是自己和自己、自己和他人，不断地互相帮助，也不断地制造错误。这就是人间生活的现象，但是，我们没有其他选择，还是要继续生活下去。

四、错误即是真实

如上所述，“禅”不是用语言文字和想像就可以说明的，而生活则是一种经常制造错误的幻象。前者是绝对的真实，后者是不断的错误。若以哲学或宗教的立场而言，错误有错误的层次，真实有真实的领域，这两种情况是不可能连接在一起的。但是，以禅法的观点而言，真实与错误，非一非异。以水为喻，大风袭卷起巨浪，小风掀动起小浪，微风吹拂起涟漪，无风则平静如镜；缘风的大小，波浪有巨细，水性则非异。哲学与宗教是一种理论思想、感应和信仰，禅法则是一种在虚妄的日常生活中，体验到的真实经验。当我们训练自己的心，使其从混乱的情况变成稳定，进而成为绝对的和平时，就能经验到“真实就是虚妄”的禅法。

我们的心从出生以来，都是在环境的影响下运作，从来没有平静过。即使是安静地坐在那儿，不看电视，不听音乐，也不读报，心却动得更快，脑子里思绪不断，仿佛自己在播映许多的影片给自己看。如果静坐在那儿，脑子里非常清楚，既没有过去，也不想未来，没有任何思绪，这人一定备感无聊。因此，对于真实的世界，就没有办法知道。

禅的观念告诉我们，真实是永远不动的，也唯有在杂念不动之时，所看到、所听到的，才是如实地看到和听到，只有妄心不动时，所经验的现象才是真实的。但是，仅凭观念，尚无法产生真实生活的经验，还得依赖方法的实践，才能使我们体验到虚妄的生活就是真实的生活。

五、禅的方法

禅的方法，首重屏息诸缘，心无旁骛。因此，在用方法的时候，不要注意任何周遭环境的动静，即或有架飞机失事，跌落在你身旁，也是不要管它。

禅法的修习并非一蹴即成，因为你从小紧张到现在，要立刻把身心放松是办不到的。所以，应在日常生活中常常练习，使你的心渐渐从混乱紧张中安定下来，才可能在虚妄的生活中体验到真实的世界。禅的理论和禅修方法，若不能在平常日用中勤加薰习，遇到问题时便会束手无策，唯有坐地就缚。所以，禅与日常生活，有其密切的关系，否则，它将仅是一种学说而不是实用的禅法。

禅的方法，有动、有静。对一个初学者，动的方法不太可能深入，而静坐的练习，能获得较深的经验。日久经验丰富且深时，在动的时候，不管做什么，身体动，心还是安定的。如今也有一位缅甸禅僧，发明了一种“动中禅”的修行法，亦能使人安定身心，原理是依据“观身、观受、观心”的法门。至于中国佛教，有渐悟与顿悟两派的修行。渐悟的修行，非常重视打坐；顿悟的修行，不反对打坐，但亦不以打坐为主要方法。但是，多半的人是需要以打坐为基础的。

六、禅与无我

宋朝时，有位大慧宗杲禅师，有一天他派一位尚未开悟的弟子名叫道谦，从浙江的径山，送一封信到湖南的长沙，去给一位张居士。这位弟子相当苦恼，便发牢骚给很多人听，他说：“师父不成就我好好用功修行，我已经出家二十年，至今连门都没摸到，却叫我去送信，荒废了道业!”他的意思是，这么去送信，来回千里迢迢，将宝贵的时间给浪费了。另一位开了悟的弟子，名叫宗元，听到这位弟子发牢骚，就安慰他说：“你放心，我陪你一起去。在路上的一切，我都可以帮忙你做，只有五件事需要你自己料理，那就是穿衣、吃饭、屙屎、撒尿、驮一个死尸路上行。”道谦听了，不禁高兴得手舞足蹈，欣然上路，后来也不用宗元陪他去了。

请问，那位笨弟子为什么可以开悟？只因为一旦心无二用，便能云开雾清，立见明月当空。出差前，他为追求开悟，并不知道开悟是什么；在路上，他什么也不管，什么也不想，只顾他自己个人生活里最单纯的事情，穿衣、吃饭、上厕所，驮着死尸似的身体走，心中不再受任何妄念所干扰，不想过去，不想未来，也不想现在发生些什么事，只是很清楚地知道他在做着什么。在这样的情况下，烦恼愈来愈少，而情绪不会再波动。所以，他也见到了真实的世界是什么了。他以前所见到的世界，都是以自己的知识和错误的感觉来作判断的；现在，放弃了自我主观的判断，直接来体验生活，所以才能看到真实的世界。

我们通常认为自己的自我是真的，自己的所思所见、所解所受也是真的，因为是我在想、我在看、我在听、我在说、我在做；但是我们必须承认一个事实：这些都是虚妄的。

举例而言：我有位学生，认识我差不多有十年了，他以为他是在学禅，但是，我认为他是在玩禅，只是到我们禅中心来，看禅、听禅、坐禅，但没有很认真地来体验禅的生活和禅的精神。

当他见到我时，刚刚和他的太太离婚，所以请求出家，我说：

“你不能出家，应该再找一位太太。”嗣后的岁月中，他曾三度结婚又离婚，最近他来见我时，我问他：“你每次选择结婚对象时，是不是出于你自己的意见？”他答：“是啊！我选择的时候好像是我做对了，可是，慢慢地日子久了，便发现我的选择是错误的。”

这种人并不多，但是，我们每一个人事实上都像这个人一样，对于任何事情的选择、判断，大概总是错的多、对的少。所以人的生命的责任，便是在日常生活中不断地改正错误。

以上两则故事，说明了人们大都不了解自己，故在大环境的影响下迷失了自己。我们通常所谓的自己，并非真正的我，因为我们所作的判断，都是在当时的环境影响下产生的动作，所以那是环境而不是我。如果通过禅法的训练，我们便会找回未出娘胎前的本来面目，那是不受环境影响的真如佛性。

所以，禅的最高经验是无我，也就是先从错乱的自我转成稳定的自我，再舍稳定的自我而成无我。到了无我的程度时，才发现我跟世界，既不是统一的，也不是分开的。统一的是大我，分开的是小我，不一不异，无内无外，只有一切事实的存在，却没有我的执著在其中。

七、禅修与学习能力

当我们学习一样东西时，如果心力不能专一，注意力不能集中，则对所有的见闻觉知，都不可能在记忆中留下清晰的印象，学习效果也不会很好。

例如一张摄影用的底片，照第二次则出现画面重叠，照第三次即可能变成毕卡索的抽象画了。又如黑板，若已写了字在上面，重叠涂写便很难辨认其内容了；若把黑板先擦干净，不留任何痕迹，再把听到的、看到的写上黑板，就很清楚了。我们学习任何东西时也是一样，学习前或正在学习时，要先把头脑清理干净，不要东想西想，只是注意地听、注意地学，记忆力一定增强，理解力也会快速提高。所以禅修可以帮助大家提高学习的效率。

前面说过，禅的修行方法和观念，可以使我们的心安定下来，不致于因受环境的影响而迷失自己，从而接受到更多、更真实的消息。我们也谈到了禅法的修行不是一蹴即成的，需要付出耐心来练习。如果仅仅为了增进我们的学习能力与效率，打坐及参禅是最好的方法，至少也应该练习着随时让你的头脑休息。

一般人由于身心紧张而影响到学习的能力和效率，所以应当常常练习放松头脑，放松全身的肌肉和神经，让身心获得充分的休息。有时由于血液循环有问题，指挥全身放松而无法放松时，则应辅以轻柔的运动，那么身心自然健康，学习能力自然增长。

八、禅修与戒酒戒毒

刚才有人问我，禅修对于酒精中毒及麻药上瘾者，能有帮助吗？

在美国，尤其是年轻的一代，没喝过酒的人很少，没有用过麻药的人也不多。喝酒时会给人一种安慰感或安全感，用麻药时则使人有一种天马行空的感受。但是，酒醉或麻药用过之后，身体的感觉则非常地不舒服，而且饮酒跟犯罪及意外死亡有密切关系。根据美国青少年酗酒情况的调查报告所称，青少年死亡的主要原因有撞车、暴力攻击、自杀，皆与饮酒有关；在美国青少年学生中，一半以上的性攻击、约会强奸案，均与酗酒相关。其实，纵然不犯罪，饮酒吸毒都是慢性自杀的行为，所以必须戒酒、戒毒。

在禅中心，就有曾用过十几年麻药的人渐渐地戒掉了毒瘾。因为，用禅的修行方法和观念，能安定我们的身心，如果学会放松身心，这种感受，要比麻药和酒的刺激更舒服。禅坐时，身体舒服，心里平静，如果一天有一次打坐时间的话，能使你觉得整天心里平静，身体舒畅。所以，如果是已经酒精中毒的人，或是麻药已经用了很久的人，只要有一点决心学禅的打坐方法，学会以后，就能愈来愈觉得酒、麻药并不是一种享受，真正的享受是打坐。

酒与麻药，是让我们紧张刺激、失去健康；禅坐的方法，是让我们舒服自在、增进健康。但是，禅坐的方法不可能马上取代麻药、酒精的刺激，需要一天天慢慢地改善，要付出恒心及毅力，也需要亲友的照顾、关怀与鼓励。

1991 年 10 月 15 日讲于美国纽泽西州
蒙克莱大学，陈果刚整理

禅的心灵环保

环保一词，已是非常流行的现代语，它的意思是：保护我们生活环境的自然生态，使之产生自然的调节。如果破坏了自然生态的自然调节，就会为自然带来灾难，为人类的生存造成危机。

一、什么叫作环保

人类也是自然生态之一，破坏了自然生态，人类大众本身就是首当其冲的受害者。佛教主张不杀生，祈求尽量少杀一点。现在许多地方由于饲养鸡、鸭，尤其是养猪，对四周的居住环境产生了破坏，水质、河流受到污染。而在南美洲的亚马逊河流域，美国及日本人在当地砍伐森林，拓展畜牧，将养大的牛，运回自己的本土销售，他们虽然没有破坏自己国家的环境卫生，却破坏了地球上自然资源及生态的调节。

保护人类生活环境的卫生就叫作环保，人类生活是在地球，但是人类却将唯一能生存的地球，在化学、塑胶、放射源及机器运用所产生的废水、废气、废料中逐渐破坏。譬如，我们经常使用的纸张、纸盒、纸盘、纸杯、纸巾等，这类东西的过量使用和浪费，不仅使地球失去森林，尤其是所制造出来的大量垃圾，使得我们人类在讲究自身的卫生之时，却破坏了环境的卫生。纸盘、纸杯，由于是纸制品，若能处理得好，其中的一部分还可以回收后再制，如果是泡沫塑料，就很难处理了。

许多人在提高人类生活的品质上，只注重物质生活品质的提升，往往忽略了精神生活品质的提升，这更是环境污染的主要原因。从禅的精神来讲，生活是以简朴、整洁为原则。所以应该通过禅修的生活，来提高人类的精神品质，保护人类的心理健康，影响全人类的心灵，进而改善生活环境，达到全面健康的目的。

最近我去英国主持了一期禅七，参加的人都是当地的心理学家、心理医生、医生及作家。他们都是很聪明的人，也都是替人家看病的人，但是，他们自已的病也很多，参加禅七就是来治病。因为现代的人类是生活在变化迅速、竞争激烈及到处污染的环境中，心理无法健康。

如何达到心理健康的目的？最好是用禅的方法及观念来疏导、来调整。

二、禅是什么

（一）禅是清净的智慧

一般人有执著、有自我、有自利的聪明，这是不清净的智慧。

（二）禅是无染的心灵

所谓无染，就是没有分别、执著，没有带着情绪及自我中心的心理活动。

（三）禅是“无相”、“无住”、“无念”的精神境界

这三个名词来自《六祖坛经》，是《六祖坛经》的根本思想或根本精神。

“无相”就是空，是即有即空的空，从有的现象看到空的本质，就叫作无相。如同佛前的供花，就是即有即空。花的形象是有的，因为无常的关系，故不是永远存在，因其经常在变迁。无常、变迁就是空，不是不变的存在，而是经常在变，因为在变，所以有相等于无相。现前有，进入未来即消失；刚才还有，到了现在又没有了，这就是《心经》所讲的“色即是空”。

“无住”就是空，这是讲即空即有。无住就不会停止在某一个现象上面，现象既不能停止不变，便无从执著那样东西是有的。既然不停止，不执著，而停也停不住，执著也执著不起，那已经知道是空。虽然是空，但是变迁的现象不是没有。既然讲无住是没有办法停留的意思，而不是没有这个现象，所以这就是即空即有，也就是《心经》讲的“空即是色”。

“无念”就是空，是心中没有我执的念头，没有跟烦恼相应的念头，没有跟自私心相应的念头，因此就是空。没有情绪的波动，没有自我的执著，因此，自我就是无我。

佛法讲无我，就有人问我：“佛有没有我？罗汉有没有我?”我回答说：“当然没有！佛是已经解脱的人，当然没有我；罗汉也是没有我，否则不能算得解脱。”因此有人反过来问我：“《金刚经》上的第一句是：‘如是我闻’，其中又有一偈子是：‘若以色见我，以音声求我，是人行邪道，不能见如来。’连续讲了两个我。前面的‘我’是已证罗汉果位的阿难尊者讲的，后面的两个‘我’是佛讲的，怎么说没有我呢?”我告诉他：“那个‘我’就是无我，是假名

的我，是为了说明一个现象必须提出有我有你，否则无法表达说话者的立场，无法表达佛的智慧，所以这个不是‘我的情绪’、‘我的执著’，而是为了表示无我的假名我。”

禅是绝对的无，不是跟有相对的无。《心经》中所说五蕴皆空，五蕴是指我们的物质的身体及精神的生命，这两类加起来，若以智慧观照，五蕴非我，五蕴皆是无常的现象，所以是五蕴皆空。

既然是空，就没有我；既然没有我，《心经》告诉我们解脱的时候叫作智慧，而不要想到具有智慧的我在。既然没有我这样东西，那个智慧又是谁的呢？因此也不应该说有智慧。而修道者所得到的圣果、佛果，也是没有的，因为如果有所得，一定是有我的。所以《心经》要说：“无智亦无得”，《维摩经·观众生品》亦云：“若有得有证者，即于佛法为增上慢。”这也就是无我的意思。但这不是消极的，乃是积极的，因此《心经》中另外还有“无无明亦无无明尽”、“无老死亦无老死尽”的经句。如果有尽，尽了便在人间消失，那是消极。无明与老死既不存在，所以也不必畏惧。凡夫不断地从生到死，是由于无明，解脱了就没有无明也没有老死。但是解脱了的人还是有老死的现象，只是不对老死产生执著、产生畏惧，不受老死的现象所困惑、所恐惧，这叫作解脱。因此叫“无老死亦无老死尽”，这就不是相对的无，也不是相对的空。所谓解脱生死的意思是：自由自在于生死，不畏惧于生死，这叫真正的无生死。可是解脱以后为了度众生，还是会有生死，这叫作亦无老死尽。《维摩经·菩萨行品》亦云：“观以无我而诲人不倦”，可知无我实是积极的。

不落空和有，叫作绝对的无，《华严经》中说有无尽的法界，有凡夫的法界，有诸佛的法界。法界的意思是指环境、范围；不同层次的人，就有不同的环境和范围。《华严经》讲的无尽，那是指的绝对的有，那是真实的有。《般若经》讲的空，是毕竟的空，也是绝对的空。所谓毕竟空是真正的空，也就是空空——绝对的空，并不是有无相对的空。《华严经》讲有，《般若经》讲空，实际上都是讲的不可思议的无。

不一不异是绝对的无，不是一，也不是二，那就是绝对的无。在《维摩经》里常讲“不二”——生灭不二、垢净不二、生死与涅槃不二、菩提与烦恼不二，也就是无的异名。

三、禅与心灵环保的类别和层次

内在的心灵世界只有一个层次，我们叫它“法界唯心造”。所谓法界，一共有四圣六凡的十法界；或者是每一法（现象）的范围，也叫作法界；或是每一类的众生，叫作一个法界，这都是唯心所造的。唯心的意思有三点：

（一）观想的

用意念或意志来作观想：你想清净，就得清净；你想安静，就得安静；很热的时候，你想不热，就会不热；很苦的时候，你想不苦，就会离苦。

在最近出版的一本叫作《求生存》的美国杂志上，有这么一个故事：有一对打猎的父子，在一个冬季，因飞机失事而掉入湖中，父亲很快地就被冻死了，儿子一直想着：“我不冷，我不冷。”这样慢慢地爬上了岸。上岸后，一共在森林中过了七十天，在这期间只有水喝，什么都没有得吃，他不断地告诉自己：“我不饿，我不饿，我不冷，我不冷。”等到被人发现时，他虽已瘦了，仅剩下七十九磅，但还是活着的。他的意志力及意念，使得他活着回到了人间。

（二）体验或心验

这是经由观想、持诵、礼拜或祈祷而达到的一种效果。观想完成而见到净土、佛、菩萨；持诵、礼拜、祈祷完成而见到佛国、天国、神仙。这都是当事者个人的体验，其他的人无从分享。

（三）事实的实践

对心中所想的或希望的事，自己便朝着目标去努力，以实际的行为，来改变现实的环境。也就是依据自己心中所想的，不仅用嘴巴宣传呼吁，尤其要身体力行，百折不挠地全力以赴，便能改变现实的环境，这也是唯心所造的一种模式。

禅的世界是内外统一的，内心世界不离现实世界。禅者的内心世界是纯朴的、无瑕的；他的物质生活是简朴的、自然的。而外在的世界，在他看起来，并没有离开他无限大的心量。因为禅者的内心是无私的、无我的，所以也是无限广大的；既然是无私的、无我的，所以外在的环境并没有离开他自己的心性。因为自心是清净、无私、无染的，所见的外在世界也会是无私无染的，又因为自性即是清净的空性，所见的外在世界也是无相无著的。既然禅者所体验的世界是内外一如、无私无染、无相无著，那又何处不是佛国净土呢？只因其他众生仍在充满烦恼的情况下生活，所以必须宣扬心灵环保的理念及方法。

由于禅者的心灵是层次分明的，并不因为无我、统一而混淆了，故对于外在世界，仍有认识和反应作用。一位高明的禅修行者，当他跟人相处之时，或者处理事务之际，能以纯客观的智慧，作善善恶恶、公是公非的判断。他会以此自化化他，那便是菩萨道的实行者。

一位有了禅修体验的人，不一定就是完全解脱了的人。他已有摄心、安心的经验，也有相当程度的智慧，会知道自己有些什么缺点，既有自知之明，也会坦白向他人承认自己的缺点，这也正是他内心的反应。所谓明心，首先是明了自己的烦恼心是什么？有多少？往往是从对于环境的接触及思想的矛盾，才能反映出内心的烦恼。烦恼如贼，只要你面对它，它就隐匿起来。于是不隐瞒缺点的人，他的心也就比较明朗、坦诚、谦虚、和善，他会说他应当说、可以说、如实而说的话；他会做他应当做、必须做、如实而做的事。

从心灵的净化到精神的提升，要用观想的方法。最常用的是数息观、不净观、念佛观；另外尚有其他的方法，例如用礼拜、持名、讽诵，以及默照、话头等。这些方法都能使我们的身心净化，也能使我们的人品提升，从行为改变观念，再从观念的改变来达成人格的净化与精神的升华。除了观想方法以外，当然还需要配合无我的空观，才能产生无私的智慧。

四、禅的修行与心灵环保

环保必须从我们的生活简单化、纯朴化着手，除了必须用的，不要多用，更不要浪费。对我们拥有的生活环境，要知福、惜福、保护。我们应该以禅修的方式作为生活行为的准则。例如：我们在禅寺吃饭，不浪费一汤、一菜，乃至一粒米、一滴水，就是连吃完饭后的碗、筷，都要用少许的水在碗内清洗后，将水喝下。现代人多半有浪费东西的习惯，吃不完就倒掉，用不完的就扔掉，虽然是用自己赚的钱买的，但是浪费了东西就浪费了属于地球上全体众生共同的资源。地球上很多的资源是愈来愈少，而只有人类是愈来愈多，如不设法净化人类的心灵，简化人类的生活，而只提倡环保，无异是本末倒置。

禅的修行，能使我们主观的内心世界和客观的生活环境合而为一，那不仅仅是心理的想像，也不是眼不见为净的自我安慰。禅的修行者，一定会将内心所体验的，表现到外在世界来，自己体验到的，必定也劝导他人一同分享，也会影响他人、连同他人，来共同达成心灵环保的任务。

自然环境的保护，一定要靠人来完成，为了能达成此一任务，必须从全体人类内心的意愿及认识做起，进而身体力行。如果仅有意愿及认识，力量也有限，必须用观念来疏导，用方法来实践。这样才能达到净化人心、净化社会、保护自然环境的目的。

1992 年 4 月 26 日讲于纽约东初禅寺，吴昕仪整理

禅的知与行

一、前言

谢谢贵校宗教系的邀请，也谢谢史维德（Leonard Swidler）教授为我所作的介绍。天普大学虽然是我初次访问，却已向往很久。尤其贵系所的傅伟勋教授，是我多年的老友，今天相见，特别高兴。

七天前我在亚利桑那州州立大学的杜克松（Tucson）校区演讲“天台止观”，昨天我在纽约州的康乃尔大学演讲“以《法华经》为基础的修行方法”，今天我到贵校讲“禅”，好像我什么都会讲似的，其实我每到一处演讲，都是在接受行家的考验。今天的题目“禅的知与行”，也是诸位教授和研究所同学们熟悉的，我能不能通过测验，尚请诸位在听完之后，高抬贵手，把分数打高一点。（掌声）

二、不立文字

禅是不可以讲的，故称为“不立文字”的“教外别传”，只要是用嘴巴讲出来的，都不是禅。曾有一位禅师，在他快圆寂的时候，他的弟子请教他：“师父，您快圆寂了，请对我们说几句话吧！”他说："我这一生，最大的毛病是话太多了，现在，快要死了，你就饶了我吧！"但是今天我还没有要死，既然来了，当然要讲几句话的，等我要死的时候，也希望学学这位禅师。

各位都知道"拈花微笑"的故事。在释迦牟尼佛临要涅槃之际，召集了所有的弟子，手中拿了一朵花给大家看，什么话都没有讲，弟子们不知道其中的奥义，只有被誉为头陀第一的弟子大迦叶尊者，看着这朵花，微微的一笑。释迦牟尼佛也点头含笑，知道大迦叶已懂了他的意思。所以最好的解释就是不讲话，不讲话就是最好的解释。其实，不一定要拿花，我现在手上拿着一张史维德教授刚才给我的名片，你们看，这是表示什么？没什么，只是名片而已！（全场大笑）

另外，在中国禅宗的马祖与百丈，他们师徒间也发生过一件公案。有一天，他们两人在外面散步，正好遇到一群野鸭在空中飞过。马祖问百丈："你看到吗？那是什么？"百丈回答："看到了，是野鸭！"马祖再问："现在呢？"百丈说："已飞过去了！"马祖转身扭住百丈的鼻子，再问："现在呢？现在呢？"百丈就这样开悟了。各位，想不想试试，也让我来扭住你的鼻子？有效，一定有效果，会痛。（全场笑）

禅的智慧，看起来好笑，其实不是。首先要把心停留在现在，现在是最重要的。不想过去也不想未来，现在便没有这回事了。心里面如果留着过多的痕迹或回忆，在普通人来讲，是必然的，但在一个禅师的立场，已经有了开悟的智慧，过去已去，未来未来，现在则是心中了无挂碍，没有任何东西，经常保持非常的明净和清静。

三、超越依赖

禅的智慧是开悟，所以不是靠我们的思想去推敲的，不需要用理论、逻辑来辨证。下面讲两个例子：

第一是阿难尊者的故事。释迦牟尼佛涅槃后，大迦叶召集了五百个阿罗汉来编辑审定佛所说过的经典，阿难记得最多，因此他一定要参加，如果没有他参加，这一次的编辑大会就不能成功。他出家很久了，始终觉得他是佛的最亲近的弟子，也相信佛一定会帮助他开悟，结果佛涅槃了，他并没有开悟。这一次，他一定要参加这个五百人的集会，可是他不是阿罗汉，他就想到了大迦叶很慈悲，一定会帮助他开悟，结果就是大迦叶在会场门口挡住他，告诉他："你不是阿罗汉，不可以参加!"阿难问："那你如何能帮助我成为阿罗汉呢?"大迦叶说："谁都帮不了你的忙，你请走吧!"这时的阿难，失望到了极点，觉得世界上谁也帮不上他的忙了，因此回到他的僧房，准备打坐了，他说："现在，我什么人也不要依赖了。"结果呢？他还没有坐下呢，就已经开悟证了阿罗汉果。这就是因为他放下了所有的依赖——对人的依赖、对理论的依赖、对他自己所知所能的依赖之后，就能开悟。

四、自性是空

另讲一个深一点也难懂一点的案例。

有一部《楞严经》，介绍了二十五个开悟的例子，各各不同，称为二十五种圆通法门，其中最著名的是观世音菩萨的"耳根圆通"。耳朵是听声音的，观世音菩萨即是从听声音而开悟，先听声音，慢慢再听声音的本性。其实声音的产生是因缘和合而成的，没有产生以前和产生以后都是没有声音的。在产生的时候也是配合了其他的因缘才产生出来的。当发现这样的事实后，他便"闻所闻尽"，没有能闻及所闻，“动静二相，了然不生。”内在看自性，外在听声音，都没有自性，因此他便“入流亡所”。“入流”是入空性的流，进入自性本空的流；“亡所”，是指所有主观的自我和客观的环境都不见了，也就是说，内在的自我和围绕着自我的环境都没有了。既然经验到了内外皆空，被哲学家们当作本体的自性都是空性，那还有什么话可说的呢？

以上的这段话，诸位听懂了吗？能够听懂的人，当然是有智慧的人，不过，听不懂的才是更有智慧的人。（大家笑）

禅的智慧，作用在于安心，如何能使心安呢？由于禅的智慧，本身就是无心，例如声音本身并无不变的自性，能听的心也不是真实的有，所以不论内在与外在，都是现象的有，自性都是空的。由此可知，我们平时的心理现象，都是虚妄不实的，若能体验到无心，就能安心了。

五、无心与有心

禅宗的初祖菩提达摩，到中国后在嵩山面壁，后来被称为禅宗第二祖的慧可禅师前来向他求法，要求替他安心。菩提达摩问他：“你若能把你的心拿来给我，我就替你安啦！”慧可回过头来找自己的心，结果发现自己竟然没有心可找，这时菩提达摩便说：“好，你既无心可找，我已替你安好心了！”

这个故事听起来好简单，其实很不简单。由于我也时常教人打坐、参禅，所以也常遇到有人来请我替他们安心，我也学菩提达摩，教人把心拿出来给我，我来替他们安心。哦！可惜我的运气不够好，来找我的人，都不是慧可，教他们找心，他们能够找给我成串成箱的很多心，他们会告诉我："我现在心很难过、心很困扰、很痛苦、很烦恼，难过的是……困扰的是……痛苦的是……烦恼的是……不得了的是……"因此，我已不像是一位禅师，倒是常常被人家当作垃圾桶来丢垃圾（大家笑），我收下了大堆大堆的垃圾之后，总算也帮助了一些人，但是并不能帮助他们以无心来达成安心的目的。

你们的心能安吗？要不要我来帮忙？我想，在各位心中，也有不少的垃圾。凡有垃圾在心，便不是无心，便不能真正的安心。我们要了解，二祖慧可为何找不到心？一定是他自己先已用过功的，一定先已经过一段长时间的修行才会达到"找心无心"的境界。

所以禅的智慧，并无定型的模式，是可因对象、时间、空间的不同，而作灵活的运用。目的在于因势利导，使得众生去黏解缚，远离烦恼。因此，需要不同的经典，说不同的法门。所以法无定法，真法无法，真心无心。

六、无与有都对

马祖有一位弟子叫智藏禅师，有一天有位在家居士前来向智藏问法："有没有天堂和地狱？"禅师说："有啊！"居士又问："有没有佛、法、僧三宝？"禅师又说："有啊！"居士问了很多问题，智藏禅师都说："有啊！"

可是这位在家居士曾经听过禅师说法，不是说有，而是说无，所以使他觉得奇怪，便追问智藏禅师："你大概是弄错了吧？我在径山和尚那儿听到的，与你所说的完全相反，他说一切都是没有的。"禅师立即问居士："你有老婆吗？"居士说："有！"禅师又问："那径山和尚有没有老婆呢？"居士说："唉呀！他是个和尚，当然没有老婆啰!”这时智藏禅师就告诉他说:“径山禅师说没有是对的,你说没有,那就错啦!”因为径山和尚已是悟后的人,已证实相无相、真心无心的境界,他说一切皆无当然是对的,至于这位居士,心中的问题太多,岂能说无呢!

七、现在最亲切

禅的智慧,就是现实的生活,有人说:“活在现在,佛在现在。”不必论过去未来,现在最亲切。

例如:仰山禅师问他的师父沩山禅师:“您过世之后,如果有人问我们,您传的法是什么?叫我怎么回答?”沩山禅师说:“很简单啦!每天一餐粥、一餐饭。”(丛林寺院的僧侣,每天过午不食,故仅早、中两餐)

又如:有源律师问大珠慧海禅师:“什么是您用功的方法?”大珠慧海回答说:“肚子饿的时候吃饭,身体累的时候睡觉。”他不讲仁义道德的大道理,只是教人照顾好现实的正常生活。

再如:赵州禅师,曾经找了两个人问话,一个是刚刚来到的出家人,赵州问他:“你来过没有啊?”回说:“是新到的。”赵州说:“那你去喝茶吧!”赵州又问另外一位:“你是新来还是旧住?”回说:“是旧住。”赵州也说:“那你去喝茶吧!”这时,立在一旁的一位院主感到不解,便问:“和尚啊!真奇怪,对于没有来过的人,您叫他去喝茶,对于已在这里旧住的人,您也叫他去喝茶,到底是什么道理呀?”结果赵州禅师招手说:“院主,你来。”院主问:“做什么?”赵州说:“你也去喝茶吧!”这个时刻,正好是寺中喝茶的当口,让每一个都去喝茶,如此而已。

再讲一个赵州禅师的故事：一日上午的早餐后，有位出家人问赵州："我非常的愚笨，而且烦恼很重，请和尚给我开示。"赵州说："好啊！你吃过粥了没有?"那个出家人答说："我吃过粥了!"赵州说："你吃过粥了，那就去洗碗好了!"

我们从这些公案看，好像做一个禅师很容易，他可以随便说，说有说无都可以，只要叫人吃饭、睡觉、吃粥、喝茶、洗碗就行了。但是禅师们在没有开悟以前，却是要付出长期修学的代价。一旦开悟以后，心无染著，不滞一法，所以他们说什么都是为了对象，不是为了他们自己。如果你还没有开悟，你也可以冒充着像是一个已悟的禅师，你可以胡说八道，但是很快便会露出马脚！悟了的人，毕竟不同于未悟的人，伪装的洒脱，绝对不会像是真正的无我与自在，所以要做一个假的禅师，也不是那么简单的事。

八、彻底解决问题

许多人不知道自己有问题，许多人在自己有问题的时候不知道怎么解决，有许多问题可从环境或观念的改变去解决，但是，有很多问题却不是如此就可以解决的。世界上能解决的问题都是暂时的，如果不做彻底地解决问题，人就很难得到安全感。但是，禅坐能帮助我们得到身心的平和；开悟可让我们的心得到自由和解脱，不受环境和自身的影响。所以若能亲自体验到"无心"，便可以解决一切恼人的问题，那就是：面对事实，当怎么做就怎么做。但请不要误解，不可将"无心"当作无用的心，也不得把植物人那样的情况看作禅悟的"无心"。因为禅悟的"无心"是对于现实的一切仍要积极地参与，只是其中没有自己的得、失、利、害等我执烦恼在内。

九、日常生活的禅修

禅的智慧，要能用在日常的生活中，而不是光在打坐的时候才用。如何在日常生活中练习和经验禅的智慧呢？那就是当我们做每一件工作之时，都要专心。例如：在煮菜时专心煮菜、吃饭时专心吃饭、开车时专心开车、睡觉时专心睡觉。既要专心工作，且要放松身心，如果在紧张的心情下去做任何事，就与修行相违背。为什么会造成紧张的心情呢？不外三个原因：一是担心做不好，二是担心做不完，三是希望能做得更好。在做任何工作时，只要能认真，很清楚地知道自己在做什么，很用心，很专心，而又很轻松地把它做完，一定能做得很好，同时也不会觉得太累，这便是禅修者的生活方式。

十、悟后的日常生活

如何是开悟以后的日常生活？有位黄檗禅师曾说："即使整天吃饭，没有咬到一粒米；即使整天走路，没有踩到一块土。"他的意思是说，吃饭、走路等，每一件日常生活中的事都照常在做，但不是为了自私的"我"在做，所以"我"也未做任何事。开悟的景况在禅宗形容为"黑漆桶兜底戳穿"，连桶板也碎成粉末不见了。这就是从"自我"得到了解脱。另有一句形容的话是"虚空粉碎，大地落沉"。头顶上空的大虚空都消失了，处身立足的地球也不见了，时间与空间都不存在了。这是将全体宇宙的大我，形容成了障碍我们获得解脱的黑漆桶，此时已被彻底爆炸清除。这便是开悟的经验在你面前出现，但它不是可用任何形象和质量来让你取得的东西。其实，开悟后所获得的东西，便是放下一切，包容一切，能够放下是智慧，能够包容是慈悲。

十一、如何清理垃圾

这一趟天普大学之行，正在该校留学的陈美华，给了我许多方便，也托她做了一些事后的打点，故将她给我的一纸短笺附录并解答于后。

师父慈鉴：

师父送给几位教授的书，已于上星期一收到。上星期三已将之送给长友繁法教授，这星期三，将给 Dr. Raine、Dr. Swidler、傅伟勋老师、Dr. Cannon 四位教授送去。

在弟子去见长友教授时（他在日本有过禅修体验），他向弟子表示，师父已得临济真传，教法直接而当下。他除了谢意外，并要弟子代他向师父请教一问题：当师父在演讲中所提到的那些“垃圾”来时，师父如何清除？请就理论和实践面言。恭请慈安

弟子美华顶礼

1993 年 11 月 30 日费城

我的解答是：首先静听对方倾吐他们胸中的“垃圾”，待其告一段落，即以认同的方式接受他们的“垃圾”。次以佛法的因果及因缘

的理论，说明世事的实况及世事的无常，然后劝导他们向自己内心求安宁。方法则是试着做禅修的工夫，要他们将怨怒不平的感受、想法、情绪，转移方向，改善自己，他们的麻烦问题便会愈来愈少。所以我也不必像心理治疗医生那样，需要他们定时定期来向我“倒垃圾”了。

1993 年 11 月 17 日讲于美国宾州费城的天普大学宗教系研究所，
简海兰整理，12 月 5 日圣严修整补充成稿

禅与艺术

非常荣幸能到普渡大学与诸位谈“禅与艺术”的主题。其实我对艺术是外行，而且艺术的范围包含很广，不只限于画家，其他有音乐家、雕刻家、建筑家，至于禅的艺术乃与日常生活中的吃饭、喝茶和睡觉等动作和环境有关联。

我们欲了解禅的内容与艺术的关系及其对艺术的影响，得先从佛教讲起。在东方，禅在艺术的领域里究竟产生了一些怎样的作用与影响，这得从了解禅着手。又因为禅是从佛教中推展出来的，所以先简单介绍佛教的背景。

一、空与无常

禅宗并不是在印度就存在的，它却是从印度佛教的基础上发展出来，所以叫作禅的佛教。而佛教在印度提供了两个观点给人们：在理论上提出了“空”的观念，在方法上提出了禅修的功能。这给人们带来了很大的帮助。“空”这个观念，是基于世间所有一切现象无时不在变化，又名为“无常”。无常的意思就是没有任何一种现象，是永远不变的，即无永恒的存在，没有永恒所以叫作“空”。这个空并非什么都没有，而是在一切事实现象的同时，本身并不是真实不变的存在。而无常和空这个观念，亦是佛教与其他哲学宗教所独特不同的地方。

从禅的修行立场来看，我们这个世界是无常的，一切都是空的。而无常和空就是世间的事实，所以既然是事实，一切事实本身就是无常，就是空。我们每一个人不论是否知道空或无常的观念，对现实环境里的自我，很少愿意体认无常是事实。因此带来了自己内心的矛盾，并造成周围环境里的人、事和自然界的现象，产生心理上和身体上的冲突，而增添许多困扰，我们叫它“苦难”。

禅的修行方法是要把我们散乱的心变成集中，从集中变成统一，从统一到没有执著，我们叫它“无心”。到了无心的阶段，空的体验也就出现了，此即是悟境，亦叫作“真的智慧”。这个阶段一定要慢慢地来，像爬山一样，从山脚爬上去，爬到最高点。

统一的境界又分几个层次：第一是我们的身体和心合而为一，也就是没有身体的负担，身和心不分开。第二是内和外的统一，也就是我们自已的心和外面的环境合而为一，所谓天人合一，这已是不容易做到的。第三则是前念和后念的统一，我们叫作入定，那更不简单了。前念和后念根本无间隔距离，即无前念亦无后念，这是必须入了深定才能体验得到的。人若已达到天人合一的程度，则可以成为大艺术家、大宗教家或大哲学家了。

至于禅的智慧是“空”，若要体验到空，则当超越统一的层次。佛法在指出空与无常之后，就是要帮助我们，一方面去面对无常与空的事实，另一方面从无常和空的观点去得到自我的解脱和跟人和谐相处，乐意接受自然界的现象，并且适当地设法改变它，这才是佛教的宗旨。

佛陀告诉我们要用生活的实践来达成目标，首先要持戒。所谓持戒的意思是，我们应该做的必须努力去做，不应该做的，对自己、对别人无益的，就不要做。其次我们的心也是需要调整的，如何调整自己的心是相当难的，最好的方法就是修禅定。所以身体行为的改善要靠持戒，心的行为改善则靠修行禅定的工夫。因此若能配合佛教的理论，认识空与无常，那就叫作智慧。如果不能配合禅定和持戒，仅仅知道无常和空，那只是知识层面的了解，对我们日常生活帮助不大。必须加上持戒和禅定的修持，才能够真正在实践上一面理解空与无常，一面使自己的生活跟空与无常相应。

二、顿悟与渐悟

中国的禅是从印度佛教的智慧与禅定的修持结合而成。在印度，智慧是通过禅定之后才落实，而中国的禅宗从一开始，它的目标即是智慧的开发。如果能够成功开发智慧，那不仅仅是知识的了解，更有助于我们理解空的事实是普遍存在的，这才是禅的功能和理念。但是中国的禅又分顿悟和渐悟，其实两者是殊途同归的。有的人会在突然间发生开悟或发现智慧的经验，不过，绝大多数的人的修行过程必是渐进的。这就好比两个人要爬同样的山，只是一位在有雾的气候下进行，已到了山顶他还不知道，待雾突然间消散了，这才明白到了山顶；另一位是在好天气下登山，在未上山前就已看见山顶，然后一面爬一面埋怨为何还未到达。这两人哪一位是顿悟？哪一位是渐悟呢？是在雾中爬山的那位合算呢？还是未爬山前就看到山顶的人幸运呢？

不少人来跟我修行禅法时，都希望求得顿悟而非渐悟，我向他们保证："会获得顿悟的。"他们又问："怎么个顿悟呀?"我说："慢慢地修行，修到最后，一下子开了悟，就是顿悟啦!"虽然市面上有售即溶咖啡或速食快餐的，但在修行的方法中，都还需要下点工夫才能达到目的。曾有人问我："要怎样才能开悟?"我说："要看人的根器，根器深厚的开悟就快些，根器浅薄的就慢些。"又有人问我："怎样才能知道是深是浅?"我说："不管根器深浅都应该好好去修行。"又有人问："如果知道自已根器浅的话，那就不必修行了吗?"

我说："就因为发现自已根器浅薄，才更需要去努力修行呀!"

三、禅的艺术

修禅要怎样才能开悟？悟后又是怎样的一个境界？这跟禅的艺术有关系。因为得到禅的悟境及经由悟境后的境界，体验并用生活方式表现出来的，那就是属于禅的艺术。

其实我们每一个人都是生活在艺术的环境里，不论是否已体会到我们的环境本身就是艺术。而一个禅的修行者他所体验到的生活环境是跟一般人不一样的。一般人所见到的世界，是混乱的、诱惑的、矛盾的，可是有禅悟经验的人所看到的世界是和谐的、稳定的、清净的。这就是因为一个是以矛盾的眼光来看这个世界，另一个是以和谐的眼光来看这个世界。好比牙齿咬到舌头，这是矛盾的吗?事实上是和谐的，它们由于火气上升，便发生碰在一起的现象。所以牙齿咬到舌头不要感到倒楣，因为它们凑在一起就会咬在一起了，何不以欣赏艺术的眼光来看这档事呢?

你们可听过禅宗寺院里的唱诵跟一般的流行音乐、古典音乐有何不同？不论是在中国、日本，佛寺的唱诵让你听了以后心会安宁、稳定、平静，不会有兴奋、浮躁及忧郁的情绪产生。那是什么原因呢？其实它并非故意弄成这样子，而是经由禅的修行者表现出来的声音，自然而然会有一种和谐、稳定及宁静的感觉传递出来。虽然以声音来表达，它却是平静的，且有韵律，使你的心平定下来达到一定的境界，使得尘劳全消。

武艺，是中国古代六艺中的一项，传说它是少林寺的和尚所发明出来的一些动作，本不是为打架用的。平常一般人打架都很粗野，在战场上杀伐则更凶残。但是从少林拳表现出来的动作，却是那么优美，而且有力中含着稳定。少林拳本身并无杀伤之意，防身和健身才是它真正的目的。因为它是经由一个修过禅行的人所表露出来的招数，不论是用拳、棒、刀、棍，动作都是那么优美，俨然成为一种艺术的表达。难怪许多人着迷于武侠影片，就为了欣赏其中的动作。可是当今武侠片中的武术表现，禅的精神已不复见。我所学过的少林拳，富有禅的精神，所表现出来的动作，缓慢中有动力，快速中有定力。基础拳法，比划起来则会感到无聊、乏味，因为太慢缺少刺激感，只有练拳的人自己欣赏，用来安定身心，平衡身心，是在动中取静。

中国的古诗，受到禅的影响也不少，由其领受禅的思想和修养的深浅，就可看出他们风格的高下。而禅师和学过禅的人所写的诗也与一般人不同。不同在哪里？多了一份空灵感，也就是不容易捉摸也不需要去揣摩它，但让你看了就明白它在讲的是意在言外。此种精神，也同样呈现在绘画作品中，譬如：画月亮时不画月亮只画云，画水时不画水只画船。画船不画水，画云不画月，但是你一看就知道那儿有水、有月亮。这些都是禅的意象所表达出来的；也就是说，虚在实中，实在虚中，虚实本是同样的东西。实际上也就是无常的变化，从空看有，从有看空。

还有日本的花道、茶道和庭院的园艺，也都跟禅有关系。以插花来讲，西洋插花总是插得满满的花团锦簇，这叫作凑热闹。而中国古典插花及日本花道，只是一两朵花配上一根枯枝，几茎草叶，看起来简单却风姿绰约，也颇具诗意。其茶道更为讲究，客人正襟危坐，不准讲话，只能一旁慢慢欣赏主人如何煮茶、沏茶、奉茶，之后细细品味，完全浸陶在一份安宁详和的气氛中，不似一般俗汉，三五好友聚在一起，一边牛饮茶水，一边大声谈天。所以在日本品茶，是要使人内心平定，不要心浮气躁，若是犯有轻浮毛病的人常去品味日本茶道，相信会对修养有帮助的呢！

在禅宗的寺院里，一向摆设简单、整洁，此风格也同样呈现在不少日本家庭仅有几方尺大的小庭院上。寥寥可数的盆景，一览无遗的视界，地方虽小却有股说不出的舒适感。不像一般中国家庭的前后院莳瓜种菜，虽是善加利用土地，却是显得杂乱。而这质朴、简洁的生活环境及空间配置，也是经由禅境而悟出来的气质。

讲到吃，中国人是最拿手的，虽然厨艺也不错，但真正的好厨艺却是在禅的寺院里。至目前为止，我们寺院里的食物，口味清淡、简单而营养，食之弥久不厌。所以餐馆里的素菜，是迎合一般人的口味，没有禅意，寺院里的虽是粗茶淡饭，倒是香甜可口。时下在日本东京和京都等地有几家素餐馆，模仿禅宗寺院里的料理，做得极精致，清淡可口，的确非常好吃，但是价格奇贵无比，又失去禅宗的风格了，所以去吃的人不是在作禅味的体验了。

由前面所举的例子不难发现，若有禅修体验，我们的日常生活，便与艺术脱离不了关系，假若细心去品味，岂非处处都在显露禅机呢！其实艺术是禅的副产品而已，修禅的目的不在艺术的表现，而是协助我们解决生活上的困扰及身心上的苦恼，这才是修禅的真正意义。如果是为了艺术而来学禅的，虽也能达成目的，但不过是本末倒置罢了。

1992年10月23日讲于美国印第安那州的普渡大学，
张智惠整理

生命的圆融

诸位老师、诸位同学：

记得去年和前年，我都在贵校做过演讲，所讲的题目都是同学们给我拟订的，今天的讲题也不例外。现在我们就“生命的圆融”，分四个段落来说明。

一、何谓圆融

圆融，是佛学上的名词。比如《楞严经》卷四，如来云：“地水火风，本性圆融。”中国的天台及华严二宗，对圆融之理，发挥得最详尽。

圆有圆满、圆熟、圆通的意思。圆满是不缺少，缺则残，少则亏；圆熟是不生硬，生则自感苦涩，硬则自伤伤人；圆通是不阻碍，阻者停滞，碍则损失。

人都祈求圆满，比如说：希望财富圆满、事业圆满、家庭圆满等等，不圆满则不幸福。

圆熟是完全的成熟，不是勉强的。一个人的人格达到成熟或圆满的境地，便是“完人”。所以大家都盼望自己在有生之年达到圆熟的程度。

圆通是佛学专有名词，圆是性体周遍，通是妙用无碍。《楞严经》有二十五位大士，各个依一门而圆通诸门。

如果自身是圆形的，又能绕着圆的形状走，便不会遇到障碍，且能四通八达，无论从那一点起步，都通行无阻。时间的流转或循环，空间的回旋或运行，都可根据圆的道理来形容。

圆融是圆满的融和、圆熟的融合、完全的交融。融和是不冲突，没有利害、彼此、前后的冲突。融合是不对立，没有你我、内外、大小的对立。交融是大同不碍小异，同则不会摩擦，异则各显其用。

譬如，这间教室里的八盏灯，同时打开，则每盏灯的光，互相交错，彼此不相妨碍，这就是融和、融合、交融。灯和灯彼此是个别独立的发光体，但所发出的光是相互融通的；换句话说，是在差别中不否定整体。差别的任何个体各有其价值和作用，而价值与价值彼此之间，不但不相妨碍，且是相辅相成。

我们看到教室里每盏灯都个别地在放光，光与光交互集中在一起，光的亮度便相对地增加。因此，每一个生命与生命之间，应该都有圆通和圆融的关系，这才是理想的社会及理想的世界。否则的话，我们只看到冲突、矛盾、差别，彼此互相猜忌斗争，那么社会将是到处混乱的，人间必是互相伤害的，这是非常不幸的。

二、何谓生命

（一）生命之定义

“生”为物体在空间位置中的发生，“命”为物体在时间单位上的延续。凡是发生了的物体，在时间上继续地发生下去，便是生命。

譬如草木等的生物，或人类以及其他的动物，以及一粒种子或胚胎开始萌芽，并继续不断地变动、成长，这就是生命。

（二）生命有两类

1. 无情的生命：如花、草、树木等植物。

2. 有情的生命：如人、畜，乃至昆虫等动物。

也有人提出反对的意见说，花、草、树木也有感情。只要有人天天去照顾它们，或对它们说话，放音乐给它们听，它们便长得非常茂盛且生机盎然，反之，若不爱护照料它们，或者成天地诅咒它们，则可能会逐渐地枯萎而至死亡，所以认为草木也应该算是有情。

其实，有情的动物与无情的植物，最大的不同处，在于神识及神经的有无。

植物无神经，亦无神识，只有自然的反应，没有苦乐的感觉，也无死亡的恐惧，故称无情众生。有情众生，乃有求生之意愿，也有死亡之畏惧。

恐惧死亡是人内心的活动，而直接感受到伤害却是神经系统。神经使得我们的头脑产生记忆，从记忆的累积而变成知识，从知识转为思想，再由思想产生死亡的恐惧。这种记忆和了解，便非植物所能。若仅有神经而无思想记忆者，可称植物人了。

人类的恐惧不仅仅是恐惧当时的危险，而且也忧虑未来任何危险情况的发生。因此人类的恐惧心，比任何种类的动物都来得敏锐。愈是低等的动物，愈没有思想和记忆，仅是单纯的神经反应，受伤的当下会痛，痛过以后便忘了，因为它没有记忆，故也不知忧虑。高等一点的动物，如老鼠、猫、狗等都有记忆，所以它们怕受伤也怕死。

若以佛的法性身而言，有情无情，毫无差别；依凡夫的层次而言，无情物不是有情众生，不能说没有差别。

三、生命的差别相

差别和统一是相对的。譬如：我是出家人，你们是在家人；你是男生，她是女生；我是老人，你们是年轻人等。差别相可以归纳成两点来说明：

（一）有情与无情的差别

动物与植物是有差别的。张献忠的《七杀碑》说："天生万物以养人，人无一德以报天。"天是整体的，而天下确有种种的差别相，这差别相是指万物。有人再把人和万物分开，认为除了人以外全部是万物，不管动物或植物都是用来养育人类的，这种思想和《旧约・创世纪》有类似之处。

《创世纪》说到神创造万物以后，要人管理海中的鱼、空中的鸟、地上的活物，上帝将地上的植物、菜果赐给人作为食物，又将草木赐给鸟兽等作为食物。这里的"上帝"也是整体的，上帝所创造的人、菜果、万物便有了差别，上帝创造的万物中，又分无生的矿物，以及有生的动物和植物，有的是供给人与动物住的、用的，有的是给人吃的，有的是给动物吃的。这些便是有情的动物和无情的植物、矿物的差别相。

佛法则将世间万法，分作五阴世间、众生世间、国土世间，或分作五阴、十二处、十八界，对于精神、物质、身、心、自然环境等，分析得非常清楚。

（二）凡夫与圣贤的差别

在有情之中，凡夫有六类：天、阿修罗、人、畜生、饿鬼、地狱；圣人有四类：佛、菩萨、独觉（辟支佛）、阿罗汉。这也是差别。佛是人格的彻底完成者。菩萨、独觉、罗汉，是努力于人格的完成而尚未圆满者。

这四类圣贤，若示现人间身时，假如他们没有说出自己是圣者，一般人是不易察觉的。佛菩萨能够以普通人的形象出现，也可以在任何一个时空出现，更可能出现一下子就突然不见了。然而在人性向善的光辉之中，在凡夫的行为里边，也可显现出佛菩萨的特质，而且这些人虽不即是佛菩萨，却有一部分类似于佛菩萨的功能。可见在差别之中，仍有通于圆融的一面。

自然界的森罗万象，每样都不相同，就连我们两手的十指也各不相同，同胞的兄弟姊妹，甚至孪生儿也不一样。但是各类之内，小异不碍大同，差别不妨统一，一切众生皆有本具的圆融佛性。

四、如何完成生命的圆融

（一）以教育来促成

首先理解到，人为了自利，必先利人；为了求得他人尊重自己，须先要学着尊重他人，再从对于人的尊重进而扩大到对于生命的尊重。儒家所谓："由亲亲而仁民，由仁民而爱物。"便是以平等的心态来接纳他人，乃至接纳有情无情的一切生命。

佛教戒杀放生的慈悲精神，即以平等心对待一切的生命，复以空、无相、无愿来引导慈悲济世的方向。这些都得从教育的薰陶着手，从小智而进步成大智。故就佛法而言，想获得智慧，须经闻、思、修的三个层次，使众生的生命，趋向于圆满的境地，接受从他而得和自我开发的教育。

从古至今，许多的大哲学家和宗教家，都在教育人类如何完成自己的生命。生命有个人的、社会的、历史的、宇宙全体的以及圆融无碍的不同等级。也就是从自私自利的生命，可因教育的设施而升华为与社会、历史、宇宙全体的生命。

佛法虽说众生皆有佛性，人皆可以成佛，但却不能缺少良师益友所谓善知识的诱导，也就是教育的功用，使人从无知而知分辨邪知、浅知、正知、深知的不同。

比如，一般偏激的宗教徒们认为逼杀异端可以升天，一般的人认为猛兽、毒蛇等全部该杀，因为它们会伤人吃人，这便是邪知及浅知。若依佛法的立场，虽是邪见者，终究也有成佛的一天，虽是毒蛇猛兽，也有其求生存的权利。如果站在平等的立场看生命，则每个生命都该受到尊重。若想使人知道并认同这种正见，当以教育着手。

在佛教的高僧传记中，我们可以看到一些大修行人，都不畏虎、狼、狮子等野兽，那些凶猛异常的动物都变成他们的朋友。为什么呢？因为大修行人都有一颗慈悲心，而且也没有以自我为环境的中心。正因为他们“无我”，所以当他们看到任何东西时，就像镜面的反映，只有被他们所看到的东西，而没有觉得“我”看到了东西。因此凶猛的野兽也视其如同类而亲近他们。

这种事，乍听起来好像神话，当然，对一般人来说，是不可能发生的事，因为他们有强烈的“我执”，不仅和异类之间是对立的，和另一个人之间也是对立的，乃至同一个人的心与身之间也是矛盾的，所以总有一些摩擦，而不能相安无事。

教育可以让人理解到，此一生命和彼一生命之间，都应该互相尊重。倘若我们能够尊重其他的生命，那些生命至少可以不畏惧我们，如果不尊重他们，并且随时可能伤害他们，他们为了自卫，当然会把我们当作敌人。儒家所说“亲亲而仁民，仁民而爱物”，是先将亲人视同自身的骨肉，再将一切人视同自己的亲人，然后更将一切生物视同自己的家人，而给予照顾。

一般人最多能视亲人如自己，唯世间圣者能够视物如己。所以人类的暴戾之气，虽可借教育来矫正，却不能说仅从知识上的了解和接受，就表示事实上可以改正。从古至今，很多的读书人，仁义道德能说能写，但他们自己，往往又被他人讥为“文人无行”或“眼高手低”。所以除了知识的教育，尚须更进一步，从事身、口、意三种行为的实际修持。

（二）以修持来完成

此所谓的修持，不外戒、定、慧三无漏学，以戒为基础，以定为过程，以慧为目标。此中的定学是先从差别的散心，至集中心，再至统一心。当达到统一心时，不仅是知识上懂得物我一体是什么，也会亲自体验到物我一体的境界是什么。那时便会感到生命的整体性是不可分割的；生命的内涵是充塞于宇宙而无限圆满的；生命的存在是究竟圆熟的；生命的活动是圆通无碍的。那便是差别相的大融合。

上面提到的生命里如缺少体验，则知识和生命是无法相结合的，因此须从体验来达到“生命圆融”的目的。体验必须有方法，或许有些同学知道，我指导禅的修行方法，已有好几年了。所谓禅的修行方法，本来是不历层次而顿超直入的，可是对于初步修行的人，还得先由观想入手。

第一步是把散乱心变成集中心，再从集中心而达到统一心。然后将此统一心粉碎，即成无心，便是禅境。此处的心的意思，是念头和思想的代名。我们平常所谓的心，经常都在想东想西，故喻如“心猿意马”，念念不停止。因此要用方法将之导入轨道，便是由散乱的变成集中的，从集中的进一步成统一的。

从散乱变成集中以后，你的念头转过来会支持你在方法上精进努力，使你牢牢地掌握住自己所用的方法。从集中到统一，即已从念头单一化的连续，而变成了无限深广。如果，从前念到后念，绵绵不断，称为“念头成串”，这是时间的统一；若再从成了串的情况，变为深广无限，便是空间的统一。时空统一之时，即会体验到物我一体、内外一体、自他平等、天人合一的心境了。

达到这程度以后，生命是整体的，是不可分割的，它的内涵是充塞于时间和空间的，但此仍在大我的层次。若能更进一步，大地落沉，虚空粉碎，才是生命的究竟极致，圆融无碍。

1984 年 10 月 16 日讲于世界新闻专科学校东方哲学社

生命与时空

生命是我们每一个人自己正在经验的，每天接触到的，都是各种的生命及生命的现象。今天我将以最基本的佛教常识，来说明生命的现象，以及生命在时间及空间之中所存在的架构。

一、生命无始

我常被问起："西方的基督教，相信人类最早的祖先是由上帝创造的，佛教的解释如何?"我无意和基督教争论，只想先讨论一个东西方都尚未解决的问题："先有鸡还是先有蛋?"但是有人觉得，能有鸡及鸡蛋可吃就好，至于先有鸡或者先有蛋，则不是问题。不过总还有人要问："生命的起源是什么?"

我曾被一位居士问起："师父，佛教说缘起，但缘起的头是什么?"我说："缘起如环无端，名为无始。"这便是佛教对于人生宇宙起源问题的标准答案，不是不解答问题，而是最好不解答这个问题。在阿含部的《箭喻经》中，曾经有人问起世间永恒、世间有边的问题，佛便不答，而说如人中了毒箭，拔箭要紧，不用追问造箭因缘。

在《涅槃经》卷一九，也有"四不可说"的明训，那便是讨论诸法生与不生的问题："不生生不可说，生生亦不可说，生不生亦不可说，不生不生亦不可说。"佛在《阿含经》中只说："此生故彼生，生老病死集。""此灭故彼灭，生老病死灭。"但对生命源头之初的问题，不作解答。如果解答是出于什么，所衍生出来的问题就更多了，如说有开始，那么，最初的开始又从何来？因此，佛教对生命的来源所给予"无始"的答案，是最有智慧的处理法。

我在美国印地安那州普渡大学，与居士们聚餐时，吃到圆圆的芝麻团，我问做麻团的人："这圆圆的麻团，是由哪里开始做起?"做麻团的居士说："是一捏便成了形，说不出是由哪一点开始。"麻团上有很多芝麻，我又问："这些芝麻是由哪一粒开始铺上去的?"他说："一滚就滚上去了，也不知是从哪一粒开始的。"但到底有没有始点，我想应该是有，然做的人已不知是哪一点了。若要待弄明了麻团的起点才吃，那就永远吃不成了，因为还可以问芝麻及糯米的起源、制作麻团的起源、制作人的起源、上帝造物的起源、上帝的起源……永无止境!

因此，我们接着将依佛教的观点来说明生命的现象究竟从何而来，如何来发现此 生命现象，然后介绍如何利用此生命现象，又此生命现象对我们究竟有多大的价值及如何发现此价值。

人与人之间的称谓有我、你、他。而在《金刚经》里的称谓包含"我相、人相、众生相。"《金刚经》里将多数的你称为众生。"我"就是生命中的第一个，每一个人都有一个我。此外，许多的他合起来，称之为"人"。人相、我相、众生相，便是一切生命的现象。

在时间上的过程，称为"生命"；在空间上的活动，称为"生活"。换言之，时间上的延续为生命的维持，空间上的活动为生活的运作。以佛教的立场看生命，与一般人所说的生命，略有出入。

由宗教信仰的立场而言，只有上帝能给予生命而拥有生命，然在一般人看来，除了人之外，动物乃至植物，凡能生存、生长的都有生命的现象。就佛教的观点而言，宇宙的生命，是以人为中心，动植物是其次的、附带的。生命现象中虽包括动物及植物，然以"人"为根本。所以讨论生命现象与生命的延续，佛教着重的是"人"的生命。

佛陀成佛，是为了救人，至于其他众生，不是说不管，但不是佛度众生的重点。

二、五蕴和合

佛经里探讨生命的奥秘，是由"五蕴"组合而成的。换言之，构成生命的因缘，是色、受、想、行、识等五种要素，称为五蕴。

第一为色蕴，色不仅是颜色，而指一切有形之物质。凡有质量、有阻碍或有形式的物质体都称为色蕴。人除了肉体之外，还有精神的部分，精神部分又分为四种，即受、想、行、识的四蕴。而其中，受、想、行的三蕴是精神部分，最后一个识蕴，是精神与物质的行为所结合而产生的一种力量，是生死过程中一个连贯的东西，助我们延续生命，是由此生到彼生的一种力量。此一力量便是生命现象以及生命现象之所以继续不断的动力，总名为识蕴。

生命由前生到这一生，再到未来生的观念，这是佛教里一个独特的观念。生命由五蕴的五个部分组成，人活着的时候，五蕴因缘和合而产生生命的现象，称之为"活"。死了的时候，前四蕴的色、受、想、行四种现象离开，只剩最后一种识蕴。这个识，便贯串到另外一次生命的开始，如此生死周而复始，是不间断的，具有连续性的。

五蕴中的受、想、行三蕴，都是我们脑神经的作用及反应：受是感觉的意思，想是作一个判断，而行是反应，指如何处理事情。譬如：人家打我一个耳光，感觉到脸上被打得麻麻痛痛的，叫作“受”；想想到底发生了什么事，是“想”；而决定采取什么行动，也打他一个耳光，或者原谅他算了，便是“行”。挨打的时候是“受”，知道被打是“想”，要不要打回去的念头是“行”，聚集业力并且接受果报的是“识”。

三、十二因缘

前面分析了生命的组成，现在再谈到生命的延续。通过这一生到另外一生的延续现象，佛经里称为“十二因缘”。十二因缘是指十二个阶段，又可将之分为三个时期，即过去世、现在世及未来世。过去世包括三个阶段，无明、行、识；现在世包含七个阶段，名色、六入、触、受、爱、取、有；未来世包含两个阶段，生、老死。不断地循环，便是人类生命的三世流转。

无明、行、识，是属于过去世，有了过去世的识蕴，便有了现在这一生的原因。于现在世的这一生，入了胎的时候，称为“名色”，名是精神的部分，色是物质的部分，也就是前世形成的“识”。进入母胎时，与物质体相结合，此时称为名与色相结合，成为胎儿。当胎儿完成了人的形状，具备了六根，名为“六入”。所谓六根，即是眼、耳、鼻、舌、身、意，即是五官及身心。此时的“意根”是精神与物质同时并存的，换言之，意根是物质体但离不开精神，仅说物质体是指神经作用，但一定有精神的部分使之作用而称之为“意根”。就现代的人体解剖而言，只能看到神经的部分而看不见精神的部分，而六根中的“意根”却是一般人所看不到的，说不出的。

六根形成之后，十月满足，便出母胎。出生后，就会接“触”到周围的环境，产生感“受”苦乐、冷热、粗细等心理作用。然后便有如意和不如意、喜欢和不喜欢等的情绪发生，此在十二因缘中，名之为“爱”。然后对于外境产生欣者追求、厌者抗拒的心态，就是“取”的运作了。换言之，取是有取有舍，此种取舍的行为，加起来实际就是五蕴里的行蕴。

在五蕴中，有了行为之后，便产生“识”，行为的业力，在十二因缘里便是“有”。有了业力积聚而成的识蕴，便会到来生再去接受另一阶段的生命。而十二因缘中的“有”与“识”，略有差别：五蕴中的“识”，一定要到下一生去；而“有”不一定要到下一生去，此生的所作所为、所思所想，很可能在这一生中就能得到果报的反应，所以名为“有”。有了什么呢？有了业的果报。如果此生不报，在未来世的多生多劫之中，终究也跑不掉。有了此生所作的种种业力，加上往昔生中所造种种业种而尚未现行受报者，便有未来世的“生”及“老死”等待你去。若不亲证无我而了生死，便会生了又死，死后又生，头出头没，永在生死苦海之中打转翻滚！

谈及因果，再举一个故事为例说明。我在台湾时，遇到一位太太向我抱怨说：“师父，这个世界不公平，菩萨没有眼睛，老天聋了耳朵！我一生没有做坏事，可是我的儿子却无缘无故就遇车祸死掉了。为什么许多人做了许多坏事，不得坏报，而我是好人，却遭丧子的苦报？世上岂非没有因果？”

我告诉她：“你尚不懂佛法，佛法要讲三世因果，你今生自己认为没有做坏事，你就真有那般清净善良吗？你能保证过去无量劫来的无量生中，从来没有做过坏事吗？而且你的儿子死了，说不定也是好事。”她感到非常惊讶，我再解释道：“目前你心里觉得儿子很好，但当你的儿子又不孝顺，又是败家子的时候，你可能更痛苦。因此，儿子还没来得及给你做败家子，就已经走了，岂不很好？何况，娑婆世界的环境，苦多乐少，你儿子在此间的任务结束后，能到更好的世界投生，岂不更好？这生他做你的儿子，你们的母子缘告一段落，他就走了，正如到你家来服务的工人一般，工作做完了，就该走了，他要辞职，你总不能永远不让他走。若知三世因果的道理，心理才能得到纾解，不会忿恨不平，痛苦一辈子。”

她又问：“我下一生还能见到我儿子吗？”我说：“你若欠他多的话，下一生定能见到他。不过，下一生见面，彼此都已是另外的人了。”

四、生命的主人

我们若不通过佛法来认识生命，那么，生命的事实，只是无可奈何的一种现象，永远在生死中流转，周而复始。曾有人问我：“为什么父母要把我生出来，让我在这世界上受苦受难？”其实，不是父母要将我们生出来，而是自己要被生出来，若无业感果报，是不会被生出来的。这虽不是出于自由意志，确是出于自作自受，因为由于无明烦恼，使得自己作不了主，若不修学佛法，也没有办法使自己得到自由与自在。

我曾遇到一个人，他的家境富裕，从小就受到很好的家庭及学校教育。可是对一般人的生活，他却没有经历过，因此他反而羡慕一般的人。有一次，他对我说："师父，我不知道我究竟是幸福，还是不幸福。我的父母对我实在太好，也因此许多事情我都不会做，也不懂。我没有办法像一般人那样过一般人的生活，有时，我觉得这是生命中的无奈，我无法如一般人那样的自由自在。"在常人想像之中，有钱人家的孩子，一定是非常满足的，想不到还有不满足的人，似乎比穷人家的孩子更不满足。

由此可见，人在世上，对自己生命现象的处境，很少能感到是非常完美的。换言之，即使一生一帆风顺的人，在他们的心里，仍有苦恼，仍感怀疑："为什么好像孤零零地被生在这个世界上？"因此，我们在听到佛法之后，就应该了解到生到世界上来，是因自己的往昔因缘所造成，不是受制于他人，也没有被谁作弄。而能不能改善自己、提升生命，才是重要的课题。

五、提升生命

生命的提升，首先是不造恶业，要造善业。若能够不造恶业，多造善业，对我们的生命，即使不能说立竿见影地马上就能改善，也至少将会改善，如若这一生不能改善，未来生也能改善。我们如能将希望与信心寄托于未来，对佛法有信心，便会对自己能够去恶向善有信心。

佛教所说的"业"，可分为两大类：一为有漏业，另一为无漏业。有漏业是你做多少行为便会得到多少果报，果报完了之后，业便没有了；也等于说，赚了多少钱便花掉多少钱，花完就没有了。有漏业又可分为黑业及白业两类：黑业是造作恶业，而白业是造作善业，黑业有恶报，是堕落三恶道；白业有善报，是转生三善道。

恶有恶报，善有善报，受报的同时，又造新业，或白或黑，因果相循，永无尽期，故称有漏的业海是茫茫的苦海。

无漏业乃是行善不求报，只为众生得离苦，不为自己求安乐。无漏业亦可分为两类：第一类是修得解脱道以后，就不再到这个世界来，故称之为光为自利的小乘，造的是无漏业，修的是无漏学，在进入涅槃道的解脱境之后，也不再到世界上来了。另一类的无漏业是以利他为优先的大乘菩萨行，凡对众生有益的事，永远尽力去做而不求果报，他们虽已不需在这人间受种种苦难，但由于众生还在苦难之中，所以永远还在娑婆世界救度众生。

六、三无漏学

至于无漏业的修行，是以戒定慧的三无漏学为基础。以“戒”而言，有消极和积极的两个层面：消极方面，是一切恶事不可做；积极方面，是一切好事不得不做。

以“定”而言，打坐，当然也可以称为习定，也可以得定，可是若在平常生活里面，能够心平气和地与他人和睦相处，反省自己，不闹情绪，这些也都是定的工夫。经典里教我们许多纠正情绪波动，平息心情混乱的修养方法，无非都是定的工夫。

定的工夫，在一般的情况下，几乎人人都能做到。未受刺激时，当然可以不动情绪，一旦遇到环境中的人事物，和自己的利害冲突、意见相左之时，仍能不生气，就很难了。人们往往在信佛学佛之后，仍免不了夫妻吵架，那就得用修行的方法来对治。曾有一对夫妇，在大吵一顿之后，跑来找我，双双向我请示：“师父，我们已经学佛多年了，仍不能不吵架，该如何是好？”我说：“很简单，知道吵架不对，以后就不要再吵，万一又吵起来，则要相互忏悔、相互道歉，然后每天要定时做功课，无论是拜佛、念佛或者是打坐。如此修行之后，遇到外境与自己冲突的时候，便不会那么容易动情绪，当然也不易跟人吵架了。”在修定的过程中，修行的方法很多，可能包括诵经、念佛、持咒、拜佛、忏悔以及打坐等。

以“慧”而言，也有不同的层次。基础的层次是信解因果和因缘的道理；最高的层次是大自在、大解脱，也就是佛的境界。普通人，欲达佛的层次是很不容易的，但是享受一点佛法的智慧，则是很容易的。若能深信因果，则不会怨天尤人；若能明白因缘，则会促成好因缘的成熟，改善坏因缘的变迁，如此，对未来将抱着无限的希望，对自己、对他人，用因果、用因缘，也都能够得心应手了。

七、自觉圣智

生命本身就是时间和空间的总和，如果能从生命得到解脱，便是超越了时间与空间的范畴。人们对生命的无奈与困扰，无法自救，便要用佛法的智慧来处理，有了智慧的人，自我中心自然淡化，而至消融消失，那便是证入无我的实相，亦即是佛的境界——禅宗所谓的“明心见性”。由于自我中心彻底消失，而生命的现象依然存在，既是存在于时间和空间之中，也是存在于时间和空间之外，无以为名，名为“解脱自在”。

1992年10月24日讲于俄亥俄州州立大学，
刘德如整理

理性与感性

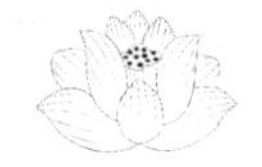

一、接受理性和感性的事实

理性，就一般人的理解而言是好的，可是理性究竟是什么呢？是指每一个人都有其理想、理念、理论的依据和逻辑的思维方式。例如，哲学、宗教、政治、艺术都有其派别及系统的理论根据。这么说，是不是理性都是对的呢？不尽然。因为你有你的，我也有我的，如果彼此互相争执就产生摩擦，往往为了理性之争而演变成感性的结果。可见理性虽好，但不是真好，这就是人世间无可奈何的事。反过来说，理性既然有问题，是不是就不要理性呢？如果持这种见解的话，将更麻烦。所以，在不够好的情况下，人类依然要有理性的态度和修养。

感性，人们常说感性的人是不理智的，可是世间的活力是由感性来带动的，不仅夫妻之间、亲子之间是感性的感情在不断地维系着，乃至于宗教上的信仰和艺术的创作，又何尝不是感性的呢？感性为社会带来柔和、安详的心灵以及幽美环境的感受；反之，当感性变成情绪化的冲动或过于泛滥，势必为人类招致无穷的苦难。

虽然理性和感性的极端，会导致祸害和困扰，可是人间相就是如此，因为我们都需要它们，也离不开它们。从佛教的立场来说，必须承认并且接受感性和理性的事实，而且若要改善人生，我们必先从如何调和理性及感性的问题上着手，其次是超越理性和感性，最后便可自如地应用理性和感性。唯有如此，才能替人类创造人间净土的果实。人间净土是否仅是理想？会不会真的实现？这完全基于我们的信心和努力。假使我们时时为理性和感性起争执，不善于处理，那么人间净土永难出现；反之，我们若能善于处理它们，人间净土就会在你我之间的生活环境中开展出来。

二、放松能够化干戈为玉帛

在讲到如何做之前，我们先来做一点练习，因为仅仅从理论上来讨论感性或理性，对我们日常的生活，往往使不上力。很多人在观念上和理论上都非常地清楚明白，可是在生活中和他们相处时，就发现他们没有办法把握自己、教育自己，能教训、指责、批评他人，却无法教训、管理、训练他们自己。练习方法是从抛开自己的执著之后，再来体验世间是什么。抛开自己的执著，是指放下身心世界，当我们能把自我身心世界全都放下以后，再认识和再投入我们的身心世界，作进一步的认识和改善之时，就会使你觉察到净土离我们并不太远。

我经常在演讲之前，劝导听众们练习三分钟的静坐，以三分钟到五分钟的时间将身心放下，放下以后将会感觉到世界突然改变了，跟自己原来所接触到的就有一点不一样了。各位是否想学呢？（大家同声齐答："愿意学。"）

那么，请坐好，背脊靠在椅背上，将眼睛微微闭上，身体的肌肉、神经放松，小腹的肌肉也要放松，胃部没有负担，再将手、臂、肩、脸上的肌肉放松，头脑放松而有空灵之感，眼球不用力，头脑不想任何东西，将身体的重量感或一切的负担，全移交给自己所坐的椅子，然后不管身体、头脑，总之什么也不管，就是让自己充分地休息、安静。（三分钟后）请将眼睛张开。请问大家，刚刚练习的这段时间里，已能放松也感觉到身体、头脑很轻松又舒服，有这种体验的人请举手。好，可见一半以上的人都体验到了，但仅以三分半钟的时间练习是不够的，要时常练习。

现在奉劝各位，当你察觉到自己的情绪起伏不定，满腔的忿恨不平，身心紧张、语无伦次、情绪激动难以控制，这是感性急于抬头求表现的时刻，也是跟别人起大争执的先兆，此时如果你处理事情，必不中肯也不得当。或者自己受委屈、被骂、被指责又无处申辩，血压可能上升，此刻不妨告诉自己试着将头脑放松，全身肌肉、小腹、神经都放松，若能放松，定可化干戈为玉帛，将会平安无事。

三、配合疏导互为调和

在今天这个时代里，社会上处处充满紧张的气息。为何紧张？不外乎是感性和理性不调而起的。有些人为了追求个人的名利、权势、地位，穷年累月地紧张；许多具有悲天悯人情怀的人也是很紧张；更莫名其妙的是，还有一群人，自己什么也没有，也不追求什么，却整日紧张兮兮，深怕自己走在马路上随时会被车子撞上。像这样的社会、这样的处境，使得人们无时无刻不在紧张之中，担心着自己，也担心着他人。

理性的人，会为这一代或下一代、自己和他人、社会及国家乃至世界全人类而担忧；属于“杞人忧天”的近代人，时时刻刻都在没事时担心着有事会发生。

而在我们的社会中，时常有人强调理性，也有许多人在理性的背后表现出感性来，这是人间的悲哀和不幸。然而在不幸之中还是有幸，因为我们尚有机会和时间来共同讨论这个问题，既然有机会来研讨，就不必对我们的世界和社会失望，我们的前途还是充满着光明和希望的，它们正在未来等待着我们。这也是我们今天还需要在此时此地，讨论理性和感性问题的原因。

理性是通过逻辑的思辨、科学的分析而认识事物；感性是基于个人的情绪、情感、私利而考量事物。理性是从客观的角度处理事物，感性是从主观的立场对待事物。

纯粹的理性会使人被现实的世界拒绝，纯粹的感性会使人被现实的世界淹没。如果时时处处讲理，而又得理不饶人，步步紧逼，是很可怕的事，当然会被人拒绝；经常情绪化的人，必然是糊涂人，也不能同情人，虽然也可能会站在自以为是的立场和观点来爱人，却不是以他人的角度来同情人。因为这样，有人便会觉得被爱是痛苦的事。曾经有位女居士来见我说：“师父，‘爱’不是好事，我被爱得没有自由，也很苦恼，我的先生非常地爱我，以致于不准我出门，也不许我见人。”所以，感性的爱，可能演变成占有、控制并否定他人的自由，这种爱不但否定他人，同时也会被人否定。

理性与感性的调和，使人安和乐利。促使人间社会的安和乐利，需靠理性和感性的调和，所以两者不可能单独存在，必须交互地进行。当理性抬头时，需用感性来配合，感性太强时，又需用理性加以疏导，若能如此，世间才有温馨和庄严。

理性与感性的超越，便是解脱自在。站在佛法的立场讲，超越了理性与感性，才是解脱自在。也许诸位会产生误解，认为“超越”大概是逃避现实或厌世，其实，超越得愈深、愈高，则对世间的肯定愈清楚、愈实在。因此，超越是指消融自我，而以他人的立场为立场，自己不设立场；以公众的利益为利益，没有为自我追求利益。超越的本身，没有一定的道理或情感可说，而是就他人需要某种情感或理性而恰如其分地施之于所需要的人。

接下来我们谈谈理性与感性的比较、层次及分类。

四、理性与感性的事实

心理、生理、伦理、物理的规则，是理性的；心情、爱情、亲情、友情的感受，是感性的。

理性和感性是生活中的事实，从心理、生理、伦理、物理及种种的现象来分析，都有其一定的规则，有道理可循。如果没有理性，我们的世界将无法获得公正的认识。这些心理、生理、伦理、物理的规则，也是由古圣先贤们及聪明才智之士，以他们毕生的努力和亲身体验而发现的，是我们需要的，也是不能离开的。

感性是属于个人的心情，但心情不等于心理的，心情只是心理现象之一，是经由此种现象而产生情绪的波动。所谓亲情、爱情、友情乃至于修行人之间的道情，全都建立在彼此相互间的感情基础上，互助互勉。道情是基于修道者之间的因缘和关系，在道业上彼此照顾提携。所以爱情、亲情、感情、道情可使得我们的世界，人与人之间的关系，互相联系在一起，温馨而亲切，是彼此需要，是彼此的互助和关怀。

五、理性与感性的冲突

理智与情感、良知与人欲、公益与私利，会有冲突。

理智和感情在同一人的身上可能在同时为了同一件事而发生，但当此两者有所冲突时，应该如何处理？

请问诸位，假如你是位医师，正好你的独生子得了重病，这时如何是好？我在日本时，有一位朋友，是有名的儿科医师，当他的儿子患重病时，他不敢诊断他儿子的病，反而交由其他的医师治疗。我问他什么原因，他说："正因为他是我的儿子，所以不敢亲自替他医病，若用了重药，担心儿子会受不了；若用普通药，又恐儿子的病治不好，在这种两难的情况之下，只好请别人来医治了。"

如果你有一位美丽又大方的嫂嫂，她不爱你的兄长，偏偏恋慕你，又时常伺机亲近你，此时的你，如何自处？在理智上，她是嫂嫂，绝对拒绝；在感情上，你必然非常地痛苦，是不是？

你是女孩或男孩，如果你正在寻找结婚的对象，可能你的福气很大，同时拥有两三位以上的对象，个个不但美丽俊俏，而且人品不错、很有才华，这时的你该怎么办？究竟娶谁或嫁谁？

有妇之夫或有夫之妇，夫妻俩感情本来很融洽，突然闯入一个第三者，怎么办？

以上所举的情况，在我们的日常生活之中，随时都可能发生。

公益与私利、良知与人欲，也时常产生冲突。人欲就是私欲，也就是五欲。五欲有两类：1. 财、色、名、食、睡；2. 色、声、香、味、触。由于身体的需求和心理的饥渴，人们就会不断地追求。可是一个有品格、有教养的人，在发生这些问题时，自己跟自己会产生矛盾和冲突，不知是顺着欲望好，还是克制欲望好。

佛法是教大家离欲的，因此时常被误认为：人如果没有欲望的话，岂不会变得意志消沉，没有斗志，也就没有了前途？事实上，佛教所说的离欲，是教导我们放弃过分的追求和占有，是少欲知足，并不是教导我们放弃志愿，连佛也不要成了。合情合理的欲还是需要的，求道成道的欲，更有必要。所以要配合良知的欲，人生才有前程。例如：我们需要钱，但钱必取之有道；要名，而名也要来得合理。曾经有人问我："圣严法师，您要不要名利？需不需要钱财？"你们猜猜看，我要不要？我当然要，但我不会专门为名利权势而苦苦钻营，如果名是自来，所谓实至名归，就不是坏事，利是自利利他，是佛学名词，也是菩萨道的修行方法，为什么不好呢？我需要钱财，但钱财并不专门拿来供我吃、我喝、我穿、我享受，而是应用来建设"人间净土"。如果，仅仅为了私利、私欲而营求，就会跟理智起冲突。因此，我们若想成为一个人格完整的人，理性与感性要调和并行。

六、理性与感性的调和

调和是有层次的，我们用道德、伦理、博爱、仁义和品德、修养等来使理性与感性调和。

有人说，道德就是理性。其实道德并不一定就是理性。如果一位法官只以法律为判决的依据，见人就依律判刑，请问这样只知法律条文，不懂人情世故的人，是有道德的好法官吗？

在佛门里，有些人看了一些佛法，懂得几条戒律的条文，就常常拿戒律的条文到处量人，量这个和尚不持戒，量那个佛教徒不够格。如此一来，究竟是鼓励出家人持戒还是犯戒？是鼓励大家来学佛，还是打击人家学佛的信心？由此可知，我们不能老是拿条文来量人。所以，我们也知道当有人打家务官司，进行离婚诉讼时，好的律师和法官，都会劝两造当事人在庭外和解。如果说有一对夫妻失和，要求律师协助他们解除婚姻，律师不加劝解，便说："好，我帮你们完成离婚手续。"那样的律师，有道德吗？但他并非失去了理性。

伦理也是一样，合乎理性未必合乎伦理。譬如《论语》上有一则故事：叶公语孔子曰："吾党有直躬者，其父攘羊，而子证之。"孔子曰："吾党之直者异于是，父为子隐，子为父隐，直在其中矣。"意思是说：孔子听到叶公说，他家乡有一个父亲偷了别人的羊，他的儿子挺身而出，检举父亲，这个儿子是个才疏而直性的人，也是个大义灭亲的人。但是孔夫子听了他这几句话却说："我乡的直心人不是这样，而是父为子隐，子为父隐。"也许有人会问，这样会不会演变成官官相护？不会，因为官与官之间不是亲子伦理，这里指的是父子间的伦理关系。

父亲终究是父亲，由于别人的告发，促使父亲坐牢是无可奈何的事。身为人子，怎忍心告密呢？所以，父亲做错事，儿子应当替父亲隐瞒一番，这是人之常情，是道德的行为。如果说，父亲偷了人家的羊，被警察捉住了，就因为他是父亲，便号召所有的人，去打砸警察局，火烧警察局，这便是没有道德的行为。

父亲偷别人的羊，理应受法律制裁，身为儿子的你，并没有去告发，父亲坐牢是经由他们举证告发，你已尽了儿子的本分，目前所能做到的是替父亲行善以便赎罪，这就是伦理。就伦理上来看，人与人之间免不了有感情，所以它往往是不讲理的。例如：儿子很小，不懂事，打了父亲一巴掌，父亲只能摸摸儿子的头苦笑说："儿子，你打得太重了，下次轻一点。"我曾经看见一个十一二岁的孩子打他的父亲，他父亲苦笑着对他说："下次打我臀部，不可以打我胸部。"这就是父亲对儿子的爱，没有办法用理说得清楚。

记得1950年代，"监察院"通过弹劾前"行政院长"孙科失职案，院会投票日，当时担任"监察院长"的于右任便缺席不到，问他，理由是："孙科是国父哲嗣，我去投票有失厚道。"

我们讲伦理，一定得在理性和感性调和以后才说。我们的社会要谈道德、伦理，是需要感性和理性并行，不能纯感性，也不可纯理性，这就要靠智慧来作判断。但是，智慧如何应用，最好的办法是让头脑稳定、安静、休息一下。当感性和理性起冲突时，又不知用什么方法调和时，不妨静坐一下，将会有神来之笔，有好的灵感出现。

七、理性与感性的超越

无相与无我是理性的超越，人慈与大悲是感性的超越，悲与智双运是自在的解脱。

佛法不否定人间的基本需求和自然现象。佛法的作用，是在用修行的观念和修行的方法，来化解问题、疏导问题，也可以一层一层地开拓人们的精神领域。反之，人若被本能所困扰，无法摆脱，将是件痛苦的事，不仅是个人的烦恼，也会为生活在一起的家人和环境中有关的人带来痛苦。如果仅有佛法的观念，尚不够有用，最好应用修行的方法才能达到目的；相反地，只有方法而欠缺观念的指导，也无法标本兼治。方法好比是一把刀，观念等于用刀的理论和技巧。强盗用刀杀人，屠夫用刀杀动物，医者用刀医病救人，所以理论的观念和实践的方法要互相辅助。

八、理论及观念上的理性与感性的超越

无相与无我是理性的超越，但不是超越于理性之上，而是不受理性所束缚，不为自己所执著的理论或理性的信条所困，却能活用理性的理论及观念，这才是真正的超越。

无相是什么？世间的种种现象，时时刻刻都在变化之中，例如：昨天所做的事，是犯法的坏事，今天做同样的事，却会受到政府的褒奖。在台湾做某件事可受到社会大众的肯定和歌颂，可是在其他野蛮民族做相同的事，就可能会被砍掉脑袋。

无相的“相”有两种：1. 现象，是外在的物相；2. 观念，是心理的心相。相无定相，故名无相。今天在座的三千多位听众之中，有许多人是研究法律的，法律也是因人、因时、因地而异，时常顺应环境的变化及时代的进步，已立的法也会修正再修正，许多科学家发明的理论，也经常被后来的科学家修正。所以“无相”的意思，是指没有不变的定相，既无定相，当然是暂时的使用而不是永恒的律则了。

曾有一对夫妻婚后来见我，我对新郎说：“恭喜你得到了一位如意夫人，既聪明又貌美，秀外而慧中。”这位男居士立刻说：“师父，《金刚经》上说‘无我相、无人相’，我的太太如果经常年轻貌美永远不变的话，师父应该恭喜我的，可是她今天是个美女，再经过几年生儿育女，渐渐地变成鸡皮鹤发、老态龙钟的黄脸婆一个，根本不值得恭喜。我是无可奈何而结婚，反正是人嘛！总是要结婚，否

则人家把你当作怪物看待，自己也不舒服、不好受，所以我才结婚。”

“你为什么不学我做和尚?”

“师父，我有自知之明，做和尚没有想像中的容易，何况我自己也清楚我不是当和尚的料，因此，被我太太看上了。”

“我相”是指我的价值，是对自己的价值所作的判断、估计、肯定，其中也包括身外所拥有的财产、名位、权势等。

请问诸位的“我相”，就是永远像你现在这个样子吗?一定不是。今天在座的诸位，大概都是二十岁以上的人了，你们在十六岁时和现在一样吗?当你活到八十岁时，是不是也能保持跟现在的你一模一样?

最近我去了一趟日本，在日本的师长、同学、朋友们，也都十八年未见了。当彼此一见面时，他们都会对我说：“啊！你一点也没变，还是当年那个样子。”

我却给他们浇了冷水：“你似乎变了，头上多了几根白发，脸上也多了数条皱纹，眼下增加了两只眼袋，十八年前，你的腹部还没那么挺出，现在的你已是大腹便便，很有福气的样子。”

“怎么一见面就说这种令人不舒服的话?”

“你承认不承认都是一样，我很清楚十八年前的我，不像现在这个样子。”

我随手取出十八年前跟他们的合照：“你像他吗?我又像他吗?”

“唉！真没想到我们变得那么快!”

佛法讲的“无我相”，便是绝对没有办法将身体的面相、身相、心相当作真正或绝对的“我相”，这仅仅是暂时的现象。有些人从小到老，观念和性格永远不变，请问世上真有这种人吗?我们只能说他没有什么进步，却不可说他没有变化。其实，人的思想观念和价值判断，随时都在变迁。

俗语说："活到老，学到老。"自己陪伴他人成长，也经由别人带着自己成长。我自己也时常觉得自己的成长很慢，譬如：在我年轻的时代，世界上还没有发明电脑，现在我的弟子和学生，几乎人人都会使用电脑，我非常羡慕他们。可是我也有些进步，我虽不会操作，却会叫弟子们使用电脑，我是跟着弟子们成长了。我的"我相"当然也跟以前不一样了，"我相"就是我的价值，我的价值不会停留在同一个位置上，既然不停留，天天变化，就没有不变的我，既然没有不变的我，就是"无我相"。

《金刚经》还有一句"无人相"的名词。有一次，一位居士对我说："师父，佛法可以说无我相，但是不能说无人相。因为无我相表示谦虚，无人相岂非表示目中无人，目空一切。"我告诉他，佛法不是这么解释，"无人相"的意思并不是否定他人，而是当自己做任何对人有利益的事之后，心中没有任何一丝的牵挂，绝对没有患得患失、有得有失的心态产生；或是，别人对我们做任何好事或坏事，心里也不要有牵挂。不牵挂并不等于忘恩负义、过河拆桥，而是自己不跟他人有绝对对立的态度和存心。只有恶法，没有恶人，仅有众生造了恶业，没有众生是恶众生。佛说，一切众生都有佛性，都能成佛，所以心外不要存有对立的人，以为他们是坏人。有人做了坏事，我们希望协助他们纠正、改善、疏导，促使他们不做坏事，不存坏心，人毕竟都是人，绝不可放弃任何一人。佛度众生，绝不对任何一众生失望，如果这一生没有办法度他，他也不接受你的度化，只有暂时放下，默默祈愿下一生或再下一生能够度他。佛为一切众生，可历经千万劫来帮助疏导。所以，"无我相"、"无人相"

的主要意思，是不要跟人产生对立，没有界限，没有对立，才是真正的“无人相”。

九、大慈大悲是感性的超越

慈悲有三个层次：

（一）生缘慈

对众生慈悲，有其特定的对象，也就是有亲疏、厚薄、远近、缓急之分。一切的众生都有佛性，都能成佛，所以是一律平等的。但在第一个层次里的人，如果是采取这种观点，一定会出问题。

当你父母生病，家中的猫或狗也同时染上重病，都在濒临死亡的边缘。请问，在这种情况之下，何者应先送医？如果基于等慈一切众生的理念，应该将父母及猫狗同时送医治疗。万一人手不足，人的医院有别于动物医院，究竟先送父母还是先送猫狗？如果真有这么个难题的话，就很颠倒了，应该有亲疏、厚薄之分。

当你父母病危，同时儿女也得急病，他们各自生了不同的重病，须进不同的医院就医，此时，何者较重要？何者优先送院？父母？儿女？中国人讲伦理、孝道，当然先送父母入院治疗。因为儿女死了，还可以再生，纵然生不出来，可以领养子女；父母仅此一对，死了再也没有了。西方人的观念可不同，他们认为儿女的前程光明远大，父母已是日暮西山迟早总要死的，所以先送儿女就医。这不能说明何者对、何者错，却可说明生缘慈的层次。

（二）法缘慈

不管对象是谁，一律平等对待。只要众生有需要，正巧我有这份力量，便不考虑对象是谁，就给他所需要的。例如：父母现在需要我的经济帮助，我马上倾囊而助之；若有不认识的人需我帮助，也是毫无保留地给予。在这个层次，尚有给的对象、所给的东西，也有布施及付出的心愿。一般人如果这么做，家庭可能会破碎，伦理也许瓦解。菩萨的精神，却是平等地布施。

（三）无缘慈

也就是“大慈大悲”。意思是说，在任何时、地，对于任何人，有任何需求，便能恰到好处、恰如其分、适时而给。布施的行为做过以后，心中不留一丝痕迹，如鸟在空中飞过，无迹可寻。救人以后，心里了然曾经救人，但是对于救人这件事当作没有发生。救人是因为这个被救的人，有他的善因缘促使他被拯救，跟我没有关系。这种层次的无缘大慈，只有佛及大菩萨们如观音、地藏、文殊、普贤等方做得到。凡夫虽然做不到，也必须了解学习，最高的慈悲，是这种方式。

十、发心与布施

儒者所言：“高山仰止，景行行止，虽不能至，心向往之。”是勉励凡人也要见贤思齐，希望自己也能逐步地迈向圣贤的目标。在佛教而言，这就是发菩提心，要求自己效法佛和大菩萨们的心行。

也有许多人会发自私自利的菩提心，期望自己早日成就，因此，老是要求周遭的人，先来成就他、护持他，待他一旦得大成就、具大力量时，再来济度众生。持这种观念，虽然没有什么不对，却不是真正发菩提心的标准和榜样。真正发菩提心，是要无条件、无目的地付出，专心一意地在心中发愿如何去化度一切众生，从不会想到自己这么做值得不值得。

数日前，某杂志的编辑来访问我说："现今的社会和世界都十分的混乱，人心不愿向善，全是自私自利，所做出来的事也都是损人利己的，就法师的观点看，该怎么办？"

我说："我没有自己的观点，佛法住世是以六种波罗蜜来度化众生。"波罗蜜的意思是超度、超越、度脱、救济、度过。六度中的第一波罗蜜是布施。在我写给我们法鼓山的僧俗四众弟子共勉语中，有这么两句话："布施的人有福，行善的人快乐。"所以，要救济我们的社会，改善我们所处的人间，必须要以付出为第一优先的方法。或许有人不赞同："哼！我又没有什么多余的东西，拿什么去布施？"或者想："如果将东西布施掉了，它又如何回来？"

布施是很微妙的事，布施如挖井，如将土挖得愈大愈多，则井中的水量愈广愈深。这种理念不仅仅是佛说，中国的老子《道德经》也曾这么说："圣人不积，既以为人己愈有，既以与人己愈多。天下之道，利而不害；圣人之道，为而不争。"

我有一位弟子，今晚也在座，二十年前，家中尚不富有，便偷偷地在心里发了一个愿，希望在十年之内布施一千万元台币。当时简直像是痴人做梦，然而发愿之后，在十年之中，恰如其愿，布施了一千万元，满愿后，便对她的先生说："我已为你布施一千万元台币，收据都在这里，全都是替你做的。"先生非常惊讶地问："你真的替我花掉这么大一笔钱？可是我们在十年前怎么会有一千万呢？""是没有啊！""但是，又哪来那么多钱布施？""因为我发愿布施，所以时常将你的钱拿去布施，今天告诉你的目的，是让你知道钱是用来布施的，不是去做坏事的。"接着她又问她先生："我们现在拥有多少资产?”答案是已超过布施的十倍。她因为要布施，所以拚命赚钱，设法开源节流，并将多余的款项布施。我们的社会确实需要这种人。

日据时代的台北县，有位义贼廖添丁，以偷得来的钱去救济贫病的百姓。佛教并不赞成义盗的行为，佛法讲究的是以自己的智慧力、心力、体力、资本，营生赚钱，将所赚得的资产帮助社会，才是慈悲的精神。

十一、慈悲与智慧

一般人将慈悲解释为感性，将智慧说成是理性。其实只能算是相应，不能算是相同。譬如：当我在路上遇到年纪轻轻的人，伸手向我乞钱，我不给，马上就有人会说：“师父，您怎么不慈悲?”

又如：在十年前，那是快过农历年时，有位身强体壮的醉汉前来敲门，正好是我去开门，门一打开，他就往内跑，我在他后面问他：“请问找谁?”

“找法师。”

“找他做什么?”

“要钱。”

“他欠你钱吗?”

“没有。”

“没有！为什么向他要钱?”

“没有钱我怎么过年?”

“为什么没有钱就不能过年?”

“奇怪！你为何不慈悲呢？出家人是慈悲为怀，还要问那么多，简直是多管闲事。”

“你究竟是要钱？还是想来打人？”

“我不打人，只给我钱就好。”

“好，请到里面，我们再谈一谈。”

进到里面，正好碰到一位头高马大、身材魁梧的信徒，我便告诉他：“请替我打发他。”转身向醉汉说：“这位先生会照顾你。”说完话我立刻溜掉。

结果那位醉汉被块头比他大的信徒轰走了。那位居士心里很纳闷，更不是味道，百思不解，就忍不住跑来问我：“师父啊！怎么可以这样子对待人呢？我从来没做过这种事，我见到刚才那种人上门也会给他钱，师父，您不但不给钱，还叫我做坏人！”

“对这种人，我们不能开例子，否则将后患无穷，他不病不老，是有办法赚钱生活的，因为好吃懒做，才变成那样。”

请问诸位：我是不是慈悲？我是慈悲的，希望他能重新做人，自力更生，为了社会、为他自己都是好的。

你们是否曾听过，禅门祖师训练弟子们的方法有棒喝的家风。不但骂人而且打人，禅门有句话：“香板头上出祖师。”打骂教育，虽已不是现代人用的方法，不过在必要时，用重话点醒，还是必须的。

慈悲不是没有原则的妇人之仁，对不起，在座有许多女性，你们都是女中丈夫，所以不要生气，但也有很多的男性具备婆婆妈妈的妇人之仁，那就不是智者的慈悲。慈悲为怀，必须配合智慧的判断，悲智双运，才能自在解脱。

有些人当他们遇到布施的难题时，不免会在心中嘀嘀咕咕：如果不给，不满其所愿，恐怕将来会对己不利；如果给了，又担心会有麻烦。于是整日忧心如焚似地沉浸在给也不是，不给也不行，慈悲也不好，不慈悲也不对的情境之中，久久难以释怀。请问这种人是有智慧的吗？当然是没有智慧的人。如有智慧，就不会考虑个人的利害得失，更不会考虑自己眼前的反应和结果，只考虑对此人、此时、此境的好坏和利弊。

我自己是没有智慧的人，我正在学习；我也没有慈悲，所以也正在练习之中。我时常被弟子们用人情包围，当有一位弟子很不听话，不守常住规矩，要他离寺之时，总会有其他的徒众向我进言："师父！我们要不舍一众生，任何一个众生都有佛性，将来会成为高僧，今天不好，以后会转变得更好，师父请慈悲留下他，我们大家都赞成他留下，也都能原谅他，不跟他计较，求师父不要让他走。"请问各位，如果你是师父怎么办？留或不留？

再说一个譬喻：你家有只小狗，因顽皮而掉入乡下的野厕中，浑身上下沾满了屎尿，结果跑到你的家里到处乱闯，它所到之处都被弄脏，这时的你如何处理？或许你会想："没有关系，家里全是大便就让它臭吧！有什么大不了的事。"还是说："哼！将这条狗赶出去。"或者是："先设法捉住它，再将它清洗干净，然后放入屋内？"

是的，我们要先将他隔离，隔离一段时间让他有所反省，如果一辈子都不能自我反省，而且怀恨不消，也没什么关系，也许今生不转，说不定下一生就转回来了，我们当为他祈祷。

十二、谁是慈悲的智者

有些在心理上和生理上不健全的人，无形当中会做出一些违害社会的事情，当年美国里根总统被枪击未死，凶手被捕，判决无罪，原因是枪手有精神病，故被关进精神病院，当医生证明他的病痊愈以后，又回到社会去了。

凡夫不是圣人，也不是贤者，所以，行为无法做到恰到好处，试问被关在监狱里的人，是不是全部都是坏人？不一定。做了坏事的人，是不是全被关在狱中呢？也不一定。做了坏事而逍遥法外的人还是不少。被判刑，无论是死刑、无期徒刑或较轻的刑罚被关在牢里，其中根本没有做坏事的人也不在少数，是不是？所以，我们的世间很难作一个绝对的判定，更不知谁是绝对的智者。

在此，我要赠送两句话给诸位：用慈悲来处理他人的事，用智慧来处理自己的事。

运用慈悲，至少是有感性的。例如，他砍我一刀，我当还砍他一刀。从理论上讲，杀人者偿命，种瓜者得瓜，种豆者得豆，这就是因果关系。可是从慈悲的立场看，他揍我一拳、砍我一刀，我已备尝痛楚，如果回敬他一刀或一拳，本来只有一个人被砍被揍，结果变成二人或更多人连累遭殃，一人受伤害已经很不幸了，二人受伤则更不幸。如果我们都有这种想法，逐渐地养成风气，我们的社会就会见到净土。我被砍被杀是痛苦的事，若我回报杀人，人也会痛苦，我既被杀伤，我却不忍去杀人，而且要设法不要再有其他的人去杀人了。

曾经有位居士的太太在街上走路，被计程车司机撞死。计程车司机没有钱赔偿，便准备坐牢，结果这位居士反而前去安慰那位肇祸的司机说："请你不要害怕不安，我是佛教徒，我的太太已被撞死了，但是你家中尚有妻儿，需要你赚钱活口，从今以后，希望你能小心驾驶，要时常念佛号、念观世音菩萨圣号，心里要经常保持平静，不要急着抢路，每天出门前及回家后，要多拜佛、念佛，这样出门就会平安。你自己平安，人家也会平安。”司机感动得痛哭流涕，觉得自己是魔鬼，幸而遇到一尊佛。这是真实的例子，这位居士目前健在，已经在美国出家。这位居士是用慈悲来处理他人的事，他自己的太太被撞死了，当然很悲伤、哀痛，从此以后做更多的善事来纪念回向给他的太太。其实，他最大且安慰的好事，是原谅了那位司机，而且还安慰他。我举这个例子，并不是说所有的司机撞死人等于没事，而是说作为一个佛教徒，应该以慈悲心待人，以智慧心对己。

十三、关怀与超越

以下我有四点结论，奉献给诸位：

（一）理性如一部机器，各部分的结构和机件，清楚分明；感性如机器所需的油料，用来发动及润滑机器。

（二）偏于理性会使人僵化，人与人之间的关系变得冷漠；偏于感性会使人混乱，人与人之间的关系变得杂乱，造成自他的困扰。所以，感情的泛滥会带来麻烦，一味的讲理也会制造出人间的灾难。

（三）理性与感性的调和，能为人间带来人性的庄严和人情的温暖。对人的关怀，不一定要讲理性，对于恩人、亲人固然要关怀，对于仇人、对头也一样要付出关怀，这是属于感性的。政治上的政敌，碰在一起总是彼此互相叫嚣对骂，最好能互相关怀，希望自他都能成长；故要兼用感性和理性才能调和，才能带动社会的进步和增长人间的温暖。我们要建设人间净土，首先要应用感性和理性，活用感性和理性。

（四）理性与感性的超越，能为人心展开无限广大的活动空间。

超越于理性和感性之外，不受两者所束缚，不会由于理性的考虑或感性的影响而产生心理上的矛盾、冲突和限制。如果心量狭小，纵然生活在富裕的物质环境之中，仍然不会觉得快乐幸福。心若开朗、容人、容物，虽处贫困或身陷囹圄，也会觉得无限广大。

在座的诸位之中有人曾经坐过牢，我不曾坐过牢，却闭过六年关，我的关房比你们的牢房更小，活动范围更受限制，但是我心中的天地跟宇宙同大，甚至没有宇宙的感觉，时间快速飞逝，超过我的想像，六年的时光好像是一晃而过，每天我在里面很快乐。为什么？我心中没有一定想得到的东西，没有事让我恐惧害怕，没有事令我兴奋激动。当我们超越了理性和感性，就不会为自己和他人制造困扰。至于如何才能经验到理性与感性的超越？要用禅修的工夫以及佛法的观点，来作为修养的练习和指导。

1992年9月6日讲于台北市国际会议中心

提得起　放得下

现今社会到处有着问题，就是因为我们的社会正在变动的缘故。当我们的身体在跟着社会脉动而动的时候，还要保持心不动，是件很难做到的事。如何能在动中取静，一方面须有正确观念的指导，另一方面还要有踏实的修行功夫。以下我们就来谈如何“提得起·放得下”。

一、人分三类

我通常将人分为三类：

（一）提不起·放不下

芸芸众生中最多此类的人。没有担当，不愿负责，贪求享乐，却又放不下名利的追逐。

（二）提得起·放不下

此种人有担当、有进取、有能力。可是，一旦要他将到手的名位及权势放下时，却又舍不得。其实在我们的生命过程中，绝不可能一直是平步青云、年年高升；有时也如登山，沿途是崎岖不平的，有起也有伏。因此，只能升而不能降的人，终将引起心理上的不平衡而痛苦不堪。

（三）提得起·放得下

此种人有担当、有能力，可负大责任，心地坦然。由于大众及现实环境的需要，随时可出马；当大环境的情势改变时，随时可以放下，毫不眷恋，且更有宽广的胸襟，随时迎接另一个阶段的新发展。世间上能做到这种境地的人毕竟有限。

二、从因到果的因果关系是必须提起的

若想获得丰收，就必须勤于播种。然而播种以后，不见得都能得到结果。昨天有位先生来见我并埋怨说："师父，我这一生做了许多善事，可是我却得不到好的果报，纵然得到也是少得可怜。请问师父，我还要继续做好事吗?"我告诉他："世俗'善有善报'的观念固然不错，但种善因不见得收到善果，就好比一棵开满桃花的桃树，最后结成果实的又有多少？因此，不见得每一朵花都能结果实，而结了果实的也会有大小不一、甜涩有别的情形。就如同在我们的生命过程中不可能事事如意，总有一些违逆之事，所以有因不一定有果，但是欲得结果又必定要种因。我们更应该有'种瓜不一定得瓜，种豆不一定得豆'的心理准备，才能坦然地生存，不斤斤计较种瓜一定要收成，否则一有收成的企望，则可能大失所望而痛苦不堪了。"

三、聚散无常的因缘关系是必须放下的

人的聚散离合，都是基于种种因缘的关系。有恰到好处的因缘，便可能展现出好的结果；如果在前行过程之中掺入一些不顺利的因素，将导致各种不如意的事情。因此，在人的生命过程中，很少可能有“事事如意”的好运，通常都是在接受折磨之中向前迈进。请问在座的人中，是否有人一直是风平浪静，而未受到过任何困难和波折的呢？

我这一生也都是在各种的磨难中走过来，每当我面临困难时，并不逃避它，而是希望改善它。如果已经尽力尚无法改善，也不立即放弃，但要暂时搁置。因为一切现象的发生，均各有其因缘，并不是仅凭一人的勤惰及意愿所能掌控的。凡事必须努力，但也不得强求。若明因缘的道理，就会知道能提即提，当放则放了。

有很多自信心非常坚固的人，样样都自以为高人一等，凡事都认为只要肯努力，终必达成目标。这种人除非是深具大福德、大智慧，否则仅依靠个人的力量，不仰仗他人的助缘而有成者，毕竟少见。无论如何，欲成就任何一桩事，都必须仰仗众多的因素互相配合方能成就。

我也经常听到有人这么说：“今天台湾佛教之所以兴盛，是因为有某几位法师大力弘扬的关系。”其实这种说法未必正确，这几位法师在数十年前都已经在台湾，同时还有老一辈非常有名的法师也极努力地弘扬佛法，却没有将正信的佛法推广到社会每一个角落去。为什么？因为今天的经济条件、政治因素以及社会结构等已和以前

不同。也可以说，因为现在的社会需要佛教，所以就有几位法师配合社会风气运作推动。也正因为现代人的观念愿意接受佛法，所以这几位有名的法师就因应社会的需求而出现了，此即所谓“时势造英雄”，因缘就是如此。既然是因缘促成，就不能过于“突显”自己，因为“突显”自己，必然是将别人“压下”。表面上好像全是仰赖自己的努力，其实，若无社会其他各种因素的配合，个人有大成功的可能不大。

在我们的社会上，也有一些人，并不十分努力而有大成就的。这好比“孔明借箭”，孔明是借曹操之实力而用到了曹操的箭。可见个人事业上的成功，总是不能离开他人的助缘，因此，首先须将自我的自负心放下。

四、放得下是为了进步与包容

（一）为了迎接明日新时代的来临，必须放下今日旧现实的执著，才会有进步

大家都知道为了迎接新兴的，就必须放下旧有的；为了进步就须放下昨天的自我，重新建立今天的自我，以求明天的进步。如果老是坚持自己的老想法和旧观念，不愿接纳他人的建议或现实社会的运转，此即表示这人根本毫无进步可言，同时他也不能被时代和社会所接受。

释迦牟尼佛留传给我们的教导是：舍弃自我的执著，因为事事物物都是无常。也就是说，任何事物都会由于因素条件之异动而有不同的变化，既然会变化，为何不顺应着因缘时节而加以推动呢？为何不化被动为主动，放下再提起呢？如果基于不愿放弃既得的权

利地位，所以产生自我矛盾，不但自己跟自己产生冲突，也跟环境对立。如果能认清事实，一切都在进步之中，一切都在演变之下，又有什么舍不得、放不下的呢?

记得有位居士对我这么说过："师父啊，您老啰！您会不会死?"我答："人，不可能永生不死。""师父，您怕不怕死?""死是这一期生命的尽头，也正是另一段生命的起点，并不是说人死就一了百了什么都没有了。世界上任何现象的生与灭、起与伏，都是自然现象，所以，死亡并不可怕，死亡是放下，因为能放下就是为了进一步再提起。"

（二）为了成全家庭社会的和谐幸福，必须放下个人权利意见的执著，才能够包容

能放下个人的意见、执著，至少在家中会得到家人的认同。自己认同别人，一定是先放下自己才能做得到，否则，仅仅相信自己而不认同他人，纵然是亲如夫妇也会起干戈，更何况是兄弟、姊妹、朋友、同事之间的无法体谅和包容，当然会问题重重、争斗不已了。如果每一个人都能站在自己的原则之下，又不坚持己见，且能包容他人的话，从表面上看，好像是放弃自己的立场，将自己既得的利益、权势、名望、地位拱手让人，自己似乎吃了亏。其实，若是恰到好处地退让，以近处看，好像只是让给一人而已，就长远看，说不定将来可获得十个人、百个人的拥护与爱戴。

例如：有人认为，师父对弟子而言，具有权威性。在佛法的原则上，我会坚持。但是，我不会对我的弟子有相争的行为表现出来。我的弟子常常会说："师父，您错了。"或是："师父，这件事情您处理得很不恰当。”我会说：“啊！是的，我错了，是我处理不对。”事实上是不是我真的错了呢？不一定。站在师父的立场，可能错误，但也不一定是处理不当。但是既然有弟子认为我错了，一定有他的原因，那是站在他自己的立场，认为师父不应如此。我为了包容他，就必须接受他的意见，否则他将难以成为我的弟子。能够承认对方的想法是对的，因而调整自己的做法，这就是包容。当我们包容他人时，好像是放弃了自己，实质上并非如此，他们反而成为我的弟子，既然是我的弟子，才能跟随我学佛，帮助我弘法。所以，还是要“放得下”，才有进步和包容。

五、唯有能放下，才真提得起

（一）放下主观意识之判断和考量，首先要不为自我的私利设想

放下，是放下主观意识及自我中心的判断和考量，但这并不等于是没有决断力，而是不用自我的主观意识来加以判断。例如，我和学生及弟子们在开会时，我首先会推动他们从主题上获得答案。要得到答案，必须靠他们自己运作，我不会给予他们任何的意见，仅告诉他们明确的主题和原则，然后再请他们轮流各抒己见。如果一开始我就发表自己的意见，加上自己主观的色彩，事情运作起来就会有种种的障碍，特别是在民意高涨的民主社会里，做一个师父必须学着如何舍弃自我的主观，才能让弟子们预期受教。

（二）其次要提起整体的、全体的、大众的，以及对于社会的、国家的、世界的责任与义务

许多人希望“提起”，总是以自我的利益为优先考量。譬如自我之升迁、财产之获得等，此无非是为了保障自己及儿孙的将来安全。但是，如果是一个有高尚人格修养的人，绝不会如此。否则，动不动就以个己之利益为着眼点，社会将会动荡不安。我们的眼光一定要放远、放大，能如此，自己就处于远大的前景中。

（三）能够放下的人，是有智慧的人，是自在的人，是解脱的人

放得下的人，应首先放下自己，其次放下周遭所有的一切。所谓“放下”并不是没有自己，而是指没有对抗心，没有舍不得之心。我们是双手空空地降临人间，死时又能带走些什么？又有什么东西“放不下”？随时随处对任何事物无一丝毫牵挂或舍不得，能如此，才谈得上是自在，是解脱。

例如，有人蓄意破坏、毁谤，目的是令你名誉破损，这是最难忍受的事。如果你能在名誉被破损时，还能保持心境坦然，毫无挂碍，那么，名誉的损失，对你而言，丝毫不会构成任何的威胁和压力。

（四）能够提起的人，是有慈悲的人，是负责的人，是奉献的人

释迦牟尼佛放下王位出家，乃至成佛之后，又一肩挑起全人类的灾难，为一切众生的福利而宣扬佛法，这就是慈悲心的展现。所谓“一肩承担”是担起责任，我们不能将自己应尽的责任和义务放弃。我们的权利及自我中心可以“放下”，但是责任和义务一定要

"提起"，这样就佛法而言，才是慈悲。

能放得下，是为了要提得起。放下自我，而奉献出自己；放下私利，而成就社会大众。提起之后必须放下，才会随顺因缘，舒卷自如，能大能小，自由自在。

1993 年 8 月 3 日讲于台北市政府会议室

提起与放下

一、提不起也放不下

能够提得起、放得下，并不是一件简单的事。许多人把这两句话挂在嘴边，能否真正做到便大有疑问。一般人的态度是既提不起也放不下，提不起责任和义务，放不下名利和地位，希望争取更多权力、名望，却绝少考虑是否已尽自己该尽的责任和义务。

（一）提不起意志和毅力，放不下成功和失败

在人生过程中，如欠缺坚定的意志和毅力，便难以成就大事业，也难免在努力的过程中退缩。所以，成功或失败，关键在于是否具备足够的意志与毅力。

有些人，濒临死亡边缘，在弥留之际，为了渴望会见亲人，能延续自己的生命直至与亲人相聚才逝世。也有些人，凭着愿心和坚强的求生意志，能在重病或灾难中奇迹地活下去。

无论爬高山、游长泳、走远路，均需坚强的意志和不拔的毅力才能够在指定的时间内完成。因为，当极度疲累和面临困难时，往往容易萌生退意而放弃目标。但是，有些人既渴望成功，又害怕失

败，意志力又总提不起来，这种人非常痛苦。

（二）提不起信心和愿心，放不下贪心和嗔心

进行任何事业或计画，首先必须具备信心和愿心才能完成工作和目标。很多人没有自信心，怀疑自己的能力，不敢相信自己能够有大成就，因而对自己的未来和事业的前景也缺乏愿心。

我写的《四众佛子共勉语》中第一句是“信佛学法敬僧”，信佛是信心，学法是愿心。先相信学佛对我们有用，开始学习，也就会照着去做。而修学佛法的目的，是希望自己将来也能成佛，这便是发大愿心。能在信佛以后向僧学法，然后努力不懈地继续修行的，则很不容易。因此，便有这样的四句话：“信佛三天，佛在眼前；信佛三年，佛到西天。”

三年前，我与一位美籍弟子到美国中西部演讲，我们驾车从一州出发往另一州。沿路上，约三个小时仍未抵达，我问他：“我们现在的位置是什么地方啦？”“在公路上。”他答。我又问：“可以到达目的地吗？”他便答道：“没有问题。”“那为什么还未到达呢？”他马上反问我说：“师父，您对我没有信心吗？”稍后，在进入目的地附近的时候，他却冒出一句话：“师父，我们现在究竟在什么地方呢？”终于，在查看地图和询问沿途路人后，发现已经离目的地不远了。从这一点来看，在人生的过程中，经常出现这样的现象，有时候是自己自信不足，又或者是虽然自己充满自信，相关的旁人却对你缺乏信心。

在美国，曾经有一位大学二年级的女孩子向我提出要求出家的意愿，我提议她先完成学业再作决定。当她大学毕业后，我询问她是否仍有出家愿望。“当然啰！”她应道。结果她却希望继续读完硕

士后才出家。当我再度问及她完成学业后的打算，她依然以同样坚定的语气答道："当然是希望出家啦！"直到今年她已读完硕士学位，我再问她，她却对我说了一句实话："师父，坦白说，好像出家跟在家也差不多呀！"这便是愿心不能坚持的一个例子。今天希望做的，明天未必会做，今年的计划，明年不一定会进行。这种情况，在美国尤其普遍，他们会解释说："我的意愿改变了（I have changed my mind）。"

一般人是既提不起信心和愿心，也放不下贪心和嗔心。"贪心"是追求，渴望争取，贪得无厌。"嗔心"是因求之不得，驱之不去，而起怨恨。这两种情况，时常搁在心上，丢不开也放不下。其实，只要是分内的，应该拿的，接受了也不能算贪心；而不应该要的，非分的，却千方百计，挖空心思，希冀得到，愈多愈好，这便是贪心。若不能称心如意，反而有种种折磨，恶运连连，横逆重重，便无法不起怨怒。然在日常生活中，我们又很难察觉到自己是贪念和嗔心的受害者，因此，也无从放下。

二、应当提得起也要放得下

（一）要把去恶行善的心提起，要把争名夺利的心放下

作为一个正常人，最基本的是要认识到行善是自己分内的家事，止恶是自己该尽的责任，何况是一个佛教徒，一个修行的人！"止恶"是不做对己对人有害无益的事，"行善"是须做对己对人有益有利的事。若以菩萨的立场，不会考虑自身的利害，心中只有众生的利益。在佛经中的止恶行善有四句话，称为"四正勤"："已作之恶令断除，未作之恶令不起；未生之善令生起，已生之善令增长。"这

可用作判定一个人的善恶标准的依据。通常的人，也可说绝对多数的人，都会认为他们是没有问题的好人。但是，如果连善与恶的标准是什么都无法分辨，就应该好好考虑一下所谓“好人”的定义是什么了。起码要知道止恶行善的定义，并不是那么简单的，知道不该做的事不会做，应该做的事一定要做。那又根据什么去知道该做与不该做呢？不以个人的判断来取舍，当以公益作衡量，以佛法因果为准则。

很多人批评他人争名夺利，却不知道自己也是一个争名夺利的人。所谓名是什么？名有大名、小名，还有出风头的事。当别人获得益处或光荣的时候，自己的反应究竟是赞叹、欢喜、欣赏？或者是嘲笑、妒嫉、破坏呢？夫妇、父子之间也常会有争风吃醋、看不惯、放不下的时刻。假若太太比丈夫更有名气，有些做先生的往往会感到难受。至于兄弟之间，是否能够做到会为了手足获得殊荣而备觉高兴呢？多半是会的，有时则不然。

我认识一对夫妇，太太荣获奖状被报章报导，太太满怀高兴地拿着报纸展示给她的先生阅读。先生接到手上一看，竟然非常不屑地把报纸掷于地上说：“什么玩意？你也得奖，哪里还有天理！”身为丈夫的，不但不因妻子得奖而感到光荣，反而认为太太获奖显得比他杰出是件岂有此理的事。

（二）要把成己成人的心提起，要把成败得失的心放下

成就自己目的是为成就他人；若要帮助广大的人群，必须先要充实自己。在充实自己的过程中，同时也在做着成就他人的工作。正在做着利益他人的工作之时，必然也促进了自己的成长。然在成己成人的过程之中，难免会遇到障碍，所谓道高魔更高，道高一尺，

魔高一丈。因此要能经常把成己成人的心提起，成败得失的心放下，这样才能坚定信心，巩固毅力。走在成功的道路上，失败乃是过程之一，失败的本身，也就是成功的重要因素。但是，一般人只能享受成功的欢乐，却经不起失败的历练，那样的成功是福报，遇到了失败便动摇。这也正好解释了为什么一般的凡夫好不容易成为伟人的最大原因。其实伟大的人格，是从成功与失败的交替过程中培养出来的。

我在日本留学的时候，刚选好博士论文的主题，请到了论文的指导教授，进行不久，指导教授突然过世，同学们知道后，便说我完蛋了！不久我又找到了另一位指导教授，我把论文送去，他指示我重写，又有同学以为我糟糕了！当时的我，虽感到麻烦，但却认为正好可给自己历练的机会，没有成功，也并未失败。由于有了第一次、第二次的经验，才会使我珍惜留学因缘，鼓起勇气，重写第三遍，最后我的论文终获顺利通过。由于我相信好事多磨的道理，既已有了心理准备，遇到困难，便不觉得是失败，也不考虑能否成功，只是继续努力，做我能做而当做的事。做一日和尚撞一日钟，过一天日子吃一天饭，凡事尽心尽力，放下成败得失。

（三）要把众人的幸福提起，要把自我的成就放下

信佛必须学佛，学佛必须效法菩萨精神。菩萨心中没有自我成就的企图，只有成全众生的悲愿。凡是能让众生得益的事，便不考虑个人的成功与失败。凡是众生需要救助，菩萨便会适时适地出现于众生面前，菩萨不为他们自己做任何事，并非为了他们自己要成佛而度众生。

普通人若要学习菩萨的精神，首先得把自己放下来，不论个人

成功与否，必须先把其他的人照顾好。对于家庭，首先要把家人的事办好；对于团体，则以共同的利益为前提；对于社会，乃从大众的福祉着眼。你如能做到这样的程度，必可获得他人的欢迎，看在众人眼中，你便是菩萨的化身。

三、禅修的立场

（一）放下散乱的心，提起专注的心

在没有修行禅法以前，心猿意马，无法作得自心的主人。修行是利用数息、参话头等方法，让平时不受控制的心，逐渐调整成为专注的心。未用禅修方法之前，尚不知我们的心念竟会如此的难以驾驭。唯有开始修行之后，才会发现我们的心是极其脆弱、多变而又缺乏自主能力的。当你打坐的时候，便会发觉你的心念经常如野马奔腾，无法停止。有些人，嘴巴虽在诵经念佛，头脑却在魂游太虚；也有些人，身体虽在打坐修定，心念却在云霄之外。

我曾见有一位太太，正在家中敲木鱼诵经修行，中途却高声呼叫："儿子啊！把炉火关掉，锅子快烧焦啦！"照顾炉火是对的，但她为何不在诵经之前先作交代，要在诵经做功课时心系两处？这便说明，很多时候，有些人不在乎有散乱心，也不知道那有什么不好。心念很散乱，仍然不自觉，如用禅修的方法，便可协助你，经常可以发现自己内心的散乱，若能发现散乱便已经是在用功修行，心念便会渐渐专注集中。

（二）放下专注的心，提起统一的心

这是进一步的阶段。专注是以打坐、念佛等为方法，等到念头

统一时，协助你专注用功的方法也放下了。这时候，便可享受到天人合一的无限之我的存在，感觉自己与宇宙合而为一，通常在哲学及宗教的领域中，称之为“大我”或“神我”的境界。对于浅尝即止的禅修者，并不容易达到这种程度，唯有锲而不舍的大哲学家、大宗教家、大修行者，才能有这种将心内心外打成一片的体验。

（三）放下统一心，提起自在心

这便是从大我的层次，提升到体验无我、无人的解脱境界。犹如《金刚经》中提到的：“无我相，无人相，无众生相，无寿者相。”没有主观的自我，没有个别的客观对象，没有众多的客观对象，没有时间的延续过程。一般哲学家、宗教家，把统一的、天人合一的境界，即认作自在解脱，其实那只是放下个别的小我，却抓住了全体的大我，不是真自在。放下大我之后，便是超越到无我、无人、无众生的无相及无心的层次，才是绝对的自在。

《金刚经》的“无我”是没有主观的自我；“无人”是并没有一定的、单独的、客观的对象；“无众生”是没有许多客观的对象；“无寿者”是指既无我、人、众生，也没有他们在时间中的活动过程。如果对于空间的现象和时间的过程，都能心无挂碍，便是解脱自在的境界。

（四）彻底放下，从头提起

放下成败得失，然后念念新生，从头提起。我们在劝勉进入禅修生活的新人时，常常会提醒他们要“大死一番”，即彻头彻尾地放下自己的一切心理执著，才好重新开始做一个尽责任、尽本分的修行人。换言之，若要改头换面，成为一个独立自主的智者，必须先要放下自以为是的自我，才能尊重他人，关怀他人。人在世间，只有身份和立场，责任及义务，并没有特定不变的自我。责任是指就你的身份和立场而言，有许多非做不可的事，否则，便是不负责任的。义务则是除了责任之外，仍可在你自己能力所及的范围内，去做额外的事，以帮助别人。

（五）放松身心，提起正念

最近有一对年轻夫妇来探望我，我问候他们的近况时，太太便表示她的先生最近由于修行太猛，导致身体不太舒服。其实，禅修的基本要求，就是放松身心，如因求好心切而造成身心紧张，就容易发生身心的毛病。不过，若要放松身心，必先试着把成败得失的念头放下，若有只顾耕耘不问收获的态度，才能轻轻松松地练习禅修的方法。不断地把注意放在方法上，便是正念相继，时时不离所用的方法，便是时时不离正念。类似的心理状况，也可用于日常生活的起居作息，一面保持身心愉快，一面保持身心平衡。

四、提放自在

有提有放的是普通人及修行人；提放自在的则是大成就者，甚至是圣者或大菩萨了。现在用四点来说明：

（一）因果循环的信念必须提起，因缘聚散的现实必须放下

相信因果，我们便会对自己的行为负责任。因为种因虽不一定得果，有果则肯定有因。用我们的身心每做一件事，便会相应地获得某种程度的反应，不论是直接反应或间接反应，或者对外界没有

发现反应，对自我的身心也会产生反应，那便是因果的延续性以及连锁性和循环性。

日常生活中接触到的一切人、事及物，都是因缘聚散的现象。因缘聚则有种种现象凸显、延续；因缘散则使现实环境变迁、消失。世事变幻，风云莫测，起灭无常，出没不定，因此，我们毋须对现实的环境看得太实在、太认真。从因果看是有的，从因缘看是空的。由于有因有果，所以要负责任尽义务；由于因缘是空，所以失败不必伤心，成功毋须骄傲。

（二）因有慈悲心，所以提得起；因有智慧心，故能放得下

慈悲心是以一切众生为救苦救难的对象，以至一肩承担一切众生的苦难。智慧心是从不考虑自己的利害得失，也不在乎众生会不会感恩图报。

我曾有极少数学生及弟子，或随我学佛学，或跟我修禅修，数年后离开我，并且到处批评我。几年后，有的倦鸟知返巢，有的一去不回头。有人问我的感受如何？感想如何？我说我只知道尽心尽力把师父做好，把老师做好，至于弟子及学生的行为，是他们自己的事。作为师父与老师的我，虽然不得不面对不仁不义的学生及弟子，我可不能没有智慧，去做一个没有慈悲的长辈。

（三）因果不可思议，因缘不可思议，当提即提，当放即放

很多人无法了解因果与因缘，不了解为何有些人时常获得照顾，有些人却总得不到照顾。有时候，当你准备照顾某人，他却已经离开；相对地，有些人虽然你从未预料到要照顾他，他却适时出现在你面前。这都是不可思议的因果及因缘所致。

在台湾有一位男居士，期望我能为他举行皈依三宝的仪式，前后等待了三年时间，总是因为我们相遇的时间不恰当，地方不合适，因果未到时，因缘不成熟，迄今仍无法使他达成愿望。

（四）众生的业报不可思议，诸佛的悲智不可思议——提放自在

众生的业报与诸佛的悲智难以想像。能否获得救济，一切都得看因缘是否具足。诸佛以平等的大慈悲心普度一切众生，没有特定的被度对象。地藏菩萨曾说：“地狱未空，誓不成佛；众生度尽，方证菩提。”他将所有的众生均看成是他要度的对象，却有许多众生并不领情，并未打算要让地藏菩萨来度，地藏菩萨却永远很有耐心，永远在度众生，所以他是“提得自在”。

曾有一位先生，我一再劝他早日学佛，他却应道：“不急啦！现在的我还不想学佛，反正你们有一位地藏菩萨，总有一天会来度我。”事实上，地藏菩萨当然会等待此人，不过此人若不早日求度，仍然由于业力而处身于烦恼的苦海之中，毫不轻松。地藏菩萨则是以愿力度众生，虽然同样是处身于三界的火宅，却是自由自在的，千万不要误解。

《华严经》内提到：“无一众生，而不具有如来智慧。”意思是说，当释迦牟尼佛初成佛时，看到一切众生都具备了佛一般的智慧、福报。在佛眼所见的众生都跟佛相等，因此对佛而言，并没有众生可度。但是，这并不等于放弃众生、不再度众生。所以《金刚经》中便说：“灭度一切众生已，实无一众生得灭度者。”这说明了在众生的立场，尚需佛度，不过佛度众生乃至度尽之际，终不以为佛已度了众生。既不抱着一种救世者的心态来度众生，也不执著这广度众生是做的什么功德。所以，在度了一切众生后，也没有认为自己在度众生，或有任何一众生被他度了，这便是“放得自在”。彻底放下，但又全部提起。

五、禅宗的提放不二

（一）《维摩经》云

“善不善为二，若不起善不善，入无相际而通达者，是为入不二法门。”这是讲善恶平等。

（二）《六祖坛经》云

“邪正俱不用，清净至无余。”“邪正尽打却，菩提性宛然。”这是度自心中的无边众生，断自心中的无边烦恼，学自性中的无尽法门，成自性中的无上佛道。也就是说，虽然忙碌，其实无事，是放得下。

（三）《六祖坛经》又云

“不思善、不思恶。”这是心中无物的智慧境界，也是放得下。

（四）虚云和尚云

“空花佛事时时要做，水月道场处处要建。”这是表现出无尽的悲愿，所以在放下之后必当提起。

1993 年 10 月 23 日讲于纽约华埠的中华公所，
李果嵩整理，圣严于 12 月 7 日补充修正成稿

无常与无我

一、无常是苦

佛法的基本观念是苦，因为无常所以是苦。一般的人不知道苦从那儿来，实际上“苦”有所谓的四苦或八苦。四种苦是基本的观念，乃指生、老、病、死。生并不是指出生，而是生存、生活；人在出生以后，于生存、生活的过程中，本身就是一个苦的事实。在这个苦里，又含有无常，无常就是由少小而变成衰老，老是指生命的过程，一天一天地过去。年轻人可能不觉得生命的过程是痛苦的，其实我们多过一天，就有一天的不舒服在病中过去。人还年轻时就很害怕死，死亡的威胁及死亡的事实，都是最苦的事。生、老、病、死四种苦，是释迦牟尼佛悟到的人生四大真谛的第一真谛。

除了上述四种苦之外，还有爱别离苦、求不得苦、怨憎会苦和五蕴炽盛苦，加起来便成人生的八苦，这些都是由于无常的关系。“求不得苦”是因所求的对象在变化，自己也在变化，条件也变了，所以求不到。昨天他爱你，今天有第三者插进来，把你爱的人抢走了，因缘产生变化，就是无常，所以求也求不到了。也有已经得到的，因为因缘产生了变化，上了架的鸭子，也有可能飞了。无常是不断地变化，变化无常，故有求不得苦。

“怨憎会苦”是不是也是无常？是。怨多半是从恩来的，如果从无始以来彼此互相没有关系，怨亦无由生起。怨深的原因，是彼此之间互相有恩，互相的关系比较深，结的怨恨也比较深，例如夫妻之间就是“不是冤家不聚头”。冤家就是情况变了，本来是恩爱的，但是由于情况变化、观念变化和环境变化，就变成了冤家。谁都不想恩爱变成冤家，但是由于与自己的利害相冲突，以及环境变化的影响，就成了冤家，而冤家还又不容易分开，反而常常会碰在一起，这就是怨憎会苦。

“爱别离苦”也是无常，这很容易了解。亲子之爱、师生之爱、夫妻之爱、朋友之爱，彼此互相非常亲爱的人，由于发生情况、因缘变化、自然现象等，便非得分离不可，这也是无常。

“五蕴炽盛苦”也就是四大不调、心理矛盾、精神失控。四大是指物质的身体不调和，因为它的变化无法控制预料，就成了病苦。还有自我的思想，内外发生冲突，自己的思想在变，外在环境也在变，不能适应；自己折磨自己，前念和后念互相较劲；昨天的想法和今天的想法不一致；鱼与熊掌不能兼得的冲突；理想与现实的脱节；物质与精神的失衡等，便造成了造恶业、受苦报的一生又一生，五蕴相续。

二、无常放得下

如若能够觉悟万法无常的话，马上便得解脱；不了解无常，不知道是无常，所以淹没在苦海中。如果已经观察到、理解到世间所有的一切现象都是无常，那就多少能够看得开一些，也不会有那么多的放不下了。连我、你、他都是无常，既然是无常，对于自我的价值标准，对于他人的价值判断，就马上有一百八十度的转变。

在美国，曾经有一人中了乐透奖，电视记者问他准备做什么？他就大声哭着说："不得了啦，我不知道怎么办，好高兴！但是我不知道怎么办，以后有这么多钱，我怎么办呢？从今天晚上起我就不敢睡觉了，我不知道怎么办。"如果此人能知道无常，就很简单了，抽到乐透奖，慢慢地用掉就没了，或者不小心丢了、被人骗走、抢走了也就没有了；如用来投资，赚到亿万财产，死亡时，别说金钱带不走，连身体也得放下来。何必紧张？担心什么？这也就是说，由于一切现象既是无常，遇到好事，不必欢喜；相反地，如果发生倒楣的事，知道是无常，也就不必苦恼，很快地，倒楣运也是无常，就会过去，否极泰来，正好又有一番新气象了。

三、无常是空

知道是无常就能理解到空的道理。空并不是指空空如也的没有，而是指不能永恒、不是真实、捉摸不定、随时变化，因此叫它是空，空才是不变的真理。

无常就是苦，无常就是空，无常即无我。这是佛法基本的道理，能够接受苦、空、无常、无我的道理者，即是正信的佛教徒。

有一次，有位先生听我讲完四圣谛和苦、空、无常、无我之后，就跟我说："法师，您不能再讲了，您再讲下去，我们这个世界就完蛋了。多消极！多悲观！完全没有希望了。"诸位是否也有同样的感觉、同样的反应？其实在我们的日常生活里，根本不知道有苦的这回事，虽然听到了无常这个名词，事实上不可能体会到无常；虽然讲空，不可能感觉到是空；虽然讲无我，不可能没有我，连我自己也有“我”呀，否则又是谁来为你们做这场演讲呢？但这是佛法的原则，也是最高的理论，如何能从实际生活中来运用它，是需要很多的方便及方法的。修学佛法，称为修道，四圣谛便是最基本的入门法。

四、四圣谛

四圣谛是释迦牟尼佛最初在鹿野苑对五个比丘所说的法，称为三转四谛法轮。佛将苦、集、灭、道的四个项目，用三个层次说了三遍，来表达从苦集而到苦灭的程序，这是佛法的根本要旨。第一个层次是将苦、集、灭、道的道理说出来；第二个层次是已经知道了苦、集、灭、道；第三个层次是道已修、苦已灭、集已断。到了第三个层次，就是证了阿罗汉的解脱果位。转第一法轮时，说明了人生的事实就是一边受苦和一边集苦，循环不已，在生死里流转不已。转第二法轮时，说明知道苦是什么、集是什么以后，就来修习八正道，修道之后才能够断集灭苦。

五、八正道

希望解脱，必须修道，不修八正道便不得解脱；修持八正道，能断造罪集苦的因而达成灭苦成道的目的。

何谓八正道？是指正见、正思惟、正语、正业、正命、正精进、正念和正定。八正道在不同的经典里，有几个名词彼此略有出入；但是正见、正念、正定、正思惟、正语和正业是一定有的，这些合起来实际上就是戒定慧的三无漏学。无漏的意思是没有漏洞。为什么？不求果报，便只有装进去的而没有拿出来的，所以只有增加不会减少，这叫作无漏。如果装进去了还拿出来，则是有漏。只要以无所求的无我心来修任何法门，都可名为无漏学。

若能修道，便能悟道。悟什么道？便是悟得“无常”即“无我”。

提升人品的佛教

许多人把佛教神化，也有许多人把佛教鬼化。神化是指信佛的人把佛看成是神的代表；鬼化是指将佛教看作是专为过世的亡灵而设的。其实正信的佛教是为教化人间而有的。在过去，信佛的人多认为人在世间实在太苦，应该离开世间，早些生到佛国净土去才好。所以把信仰佛教的唯一希望，寄托在往生阿弥陀佛的极乐净土。现在的我们，虽然也鼓励念佛的人往生西方，但在未生西方之前，应先努力把我们现在的人间，建设成为净化的社会。最近几年来，我们正在开创一个名为“法鼓山”的道场，我们的理念便是“提升人的品质，建设人间净土”。现在就将今天的讲题分作五大要点，向诸位请教如下：

一、作为一个源远流长的宗教，具有三个特点

（一）以信仰为基础

所谓信仰是对于自己所未知的，却深信其存在。就如同“高山仰止”，虽看不到顶端为何，但相信确有那伟大的事实存在。对佛教而言，便是信仰佛、法、僧三宝。

"佛"是福德智慧已经修行圆满的人，其人格已达绝对的完美之境。地球的人类史上，修行成佛的人只有一位，就是二千六百多年前生在印度的释迦牟尼佛，又被称为释迦世尊，简称佛陀或世尊。

但是世尊告诉我们，在他之前的过去，已有无量的众生成了佛，未来也会有无量的众生将成佛，如今在我们的地球之外的他方世界，亦有十方的无量诸佛，正在说法度众生。

三世十方诸佛虽在不同的时空，彼此都互不妨碍，且遍于十方虚空。因此，在我们这个世界，若念阿弥陀佛，阿弥陀佛便跟我们在一起，若念药师佛，药师佛便跟我们一起，若念十方一切佛，他们都会跟我们一起。

"法"是指佛所说的成佛的方法和道理。只要我们依着佛说的法门如法修行，人人均能成佛。

"僧"是指住持、修行佛法的专职人员和团体。出家的僧团便是代表三宝来传播佛法。

我们不能在完全了解佛法之后才去接受相信，只要在知道佛法的基本原则是可以认同之时，便当皈信三宝了，然后再慢慢去学习、了解、依法修行。

（二）以感应为经验

我们念佛、诵经、拜忏、持咒等，无非是希望达到某些感应的目的。许多人发生重大而无法解决的问题时，我都建议他们多行善积福，多念佛，多念观世音菩萨圣号，或是持《心经》及《大悲咒》等，他们往往能因此而得到感应，化问题及困难于无形。

这是无道理可说，无法用科学方法求证的，乃是以宗教的信心和修持的功德所得之结果。

（三）依善恶为标准

一般人都相信种善因得善果，种恶因得恶果。但有些人一生造善业，却未必得善报，反之，有些人一生做尽坏事，也未必得恶报，此乃涉及三世因果之故。

因此，作为一个佛教徒，必须信有过去世，也有未来世的。就好比今天做工没拿到工资，明天做工，也未拿到工资，直到月底结算，才领得薪资一样。

二、佛教是正信，不是迷信

（一）什么是正信和迷信

1. 迷信的宗教不讲因果。台湾曾有许多迷于大家乐及六合彩的人，向神明求明牌许愿，如中彩即还愿感谢，若不中便残害神像泄愤，以致于许多土地公被丢到河里，成了水流公。这种自己不努力，只想不劳而获的思想行为是违背因果律的。

2. 迷信的宗教违反道德。有些人为非作歹，认为只要忏悔，罪便可消，因此一面说坏话、做恶事，一面求忏悔、求保佑，那不是真忏悔，也不会获得善神的庇佑，因那是违反道德、逃避责任的行为。

任何善神及佛菩萨，均不会包庇犯了罪恶而又无心悔改的人。造了恶业，应当忏悔，忏除前愆，并立誓重新做人，才会获得护法善神及诸佛菩萨的从旁协助，达成灭罪消灾的目的。不过，也有将功赎罪的情况，例如：浪子回头，在造了许多恶业之后，忽然遇到因缘，皈依三宝，去恶从善，那就等于放下屠刀，回头是岸。彻底悔过自新，不断修善积德，原先所造恶业，也有可能会变成重罪轻报。

3. 迷信的宗教违反情理。常有以宗教为名的人士，要求前去膜拜的人，奉献大量的金钱，便保证为之消灾、祈福、求财、求寿、治病。此等用金钱来贿赂神明的交易，其效果是很值得怀疑的。一般人说“得人钱财、为人消灾”，那些宗教人士是凭什么力量为人消灾呢？究竟是神要钱财，还是操作神明的人士要钱财呢？

正信的佛教，主张信佛的人，亲自修行效果最好。比如说有人害了癌症，我会建议他们放宽心怀，持诵《准提神咒》十万遍、二十万遍、三十万遍，持之以恒，必会有感应。或者家属亲友帮着持诵，也会有若干效果。常言：“自已吃饭自已饱，个人修行个人了”，才合情理。

（二）正信的佛教必具永恒性、普遍性、必然性

许多宗教，许多道理，只能在某一时段的某一地域受人信仰、受人重视，一旦换了地方，过了时日，便烟消云散，被人遗忘了。

佛教则不然，自从二千五百数十年前的释迦牟尼佛创教开始，直到现在，仍能普遍地受到九亿多人口的信仰和皈敬，那表示佛教是有持久性的。

人人所熟悉的观世音菩萨，并不是出生于地球上的历史人物，乃是释迦牟尼佛在佛经中介绍给我们的，是一位“千处祈求千处应”的大菩萨。宣扬弥陀净土的经典中说观音菩萨是西方三圣之一，似乎必然是在西方极乐世界了。实则，观音菩萨是不受国界及时间限制的，他是遍于时空而又不占时空的存在。

不论何处何时，只要有人持诵观音菩萨圣号，修行观音菩萨法门，必定获得观音菩萨的慈悲感应。这从信仰的立场来看，就是永久性、普遍性和必然性的宗教功能。

若从理论的立足点上来看，佛法的基本思想是“缘生性空”，也就是《心经》开头所说的“照见五蕴皆空”的“空”字，是指宇宙人生无

非由于五蕴的因缘假合，若见其性本空，便得解脱自在。这个空是不离有的，本性固然空，现象还是有，若悟即有即空，便得无碍自在。

就如今天这座讲堂，原是空的，现在则坐满了一千多人听圣严演讲，等演讲结束，我和听众离开散光，便又空了。所以唯有空，才是真有用。

可知“有”是暂时变动的，不是永恒不变的，只有空性才能永恒不变。能悟见空性，即能实证无相无我而不执著，随时随地灵活运用。这个空有关系的道理，在任何时空里都是不变的，因此佛法的基本思想，亦是具有其永久性、普遍性和必然性的。

（三）正统的佛教须具备三项要素

1. 创始的教主——释迦牟尼佛。

2. 所依的教理——经、律、论三藏。

3. 住持佛法的僧团——出家的比丘及比丘尼众。

此三项要素，即是前面提及的佛、法、僧三宝。若有人不信仰上举的佛法僧三宝或否定佛法僧三宝，虽其自称佛教，那必不是正统的佛教，而是异质化了的附佛法外道。今天的学术界称他们为新兴宗教，或民间宗教，他们有权自立门户，正统的佛教徒也有权不认同他们是佛教。

（四）正信的佛法必须符合三法印的原则——诸行无常、诸法无我、涅槃寂静

1. 诸行无常：我们的物质环境，不能超出成、住、坏、空，我们的肉体生理，不能离开生、老、病、死，我们的心理活动，念念都在生、住、异、灭，均非永恒现象，所以叫作无常。因此，我们常把身心世界，当作自我的“能、所”来执著与认定，其实是一种幻觉，是一种假相，不是真实。

2. 诸法无我：一切现象，不论是心理的、生理的或是物质环境的，无一不是在不停的变化中，我们无法掌握住任何一项事物或境界，使之真正地属于“我”及“我所”。

3. 涅槃寂静：由于一切的人、事、物，都是不断地在生灭变化中，我们对于起起灭灭中的一切现象起执著、起分别，便产生了烦恼、痛苦，甚而流转于生死之中，不得解脱。如能对外在的生灭幻相不起分别，不生染著，返观自性是空，断尽一切烦恼，便可解脱生死，处于不生不灭之境，就叫涅槃寂静。

凡夫不可能进入涅槃，但应当知道无常、无我、寂静是佛法的原则。

三、佛教是净化人间的宗教

除了晚期印度大乘佛教的密宗，供奉的一些护法神像比较特殊之外，显教的诸佛菩萨圣像，均是呈现人间相，且依经典记载，三世诸佛也都是以人间身在人间成佛。

诸佛菩萨教化的对象主要是人。在各部佛经里，佛陀说法时，请法、听法的主要常随众，也是人间身的僧俗弟子，只有护持佛法的龙天众不是人形，而修行佛法也以在人间最适合。在六道中，天上的众生太有福报，不易起精进心修行佛法，在畜生道、地狱道、饿鬼道之众生，则太痛苦，更不易修行佛法，唯有人世间是苦乐参半，懂得要离苦得乐，知道要修学佛法。

四、人成即佛成便是佛教

（一）广度众生先度人

我们常见“芸芸众生”一词是指许多的人。其实众生可分有情与无情，有情众生则可引用印顺法师所著的《佛法概论》第三章第一节所说予以理解：“梵语‘萨埵’，译为有情。情，古人解说为情爱或情识；有情爱或有情识的，即有精神活动者，与世俗所说的动物相近。”这就是有情众生。其他的植物及矿物，则是无情众生。

我将动物大约分为四类：1. 仅有细胞组织；2. 有细胞也有神经组织；3. 有细胞、有神经组织，也有记忆能力；4. 有细胞、有神经组织、有记忆能力，更有思想能力。只有人类具备此最高等的四种条件，也只有人类才具有情爱、情识及精神活动。

佛经中所说的有情众生，主要说的也是人，因此我们所谓的广度众生，主要的对象便是人，先度人。

（二）成佛必先成人

所谓“成人”是成的人的身体和人的品德。佛说人身难得，只有人的身心适合修行佛法，故人身是非常宝贵的。《心经》中说“五蕴皆空”，五蕴还有其他的名词，如十八界及十二因缘等。综合起来便是五蕴，分析起来，从时间上分叫十二因缘，从空间上分叫作十八界。除了人之外，其他众生，均不具备十八界、十二因缘之条件。

人的品德，指的是佛教的核心思想：断一切恶，修一切善，利益一切众生，此即是涵盖一切菩萨行的三聚净戒。

一般动物只会照顾同类，不会扩及异类，甚而同类相残互食。只有人类才能分辨善恶，为善者有慈悯心，除了关怀人类之外，还能爱护其他一切有生命之动物，此乃基于佛法所说众生平等的观点。虽然人类之中也有刚强难化的人，可是比起其他类别的众生，又较容易理解佛法和修行佛法了。

因此，若能先把“人”做好，就能进一步来观照原本具足的

"佛性"，明心见性，解脱成佛。

五、如何提升人的品质

如何达到"提升人的品质，建设人间净土"的目标呢？我们要以教育来达到关怀的目的，并以关怀来成就教育的功能。用慈悲心来关怀他人，乃至遍及于一切众生；用智慧心来观照自我，乃至微细的一个念头。

一个懂得关怀他人的人，必是勤恳、负责、勇于将自己奉献出来的人。为了关怀他人，必然知所努力，从自身做起，先使自己的身心，保持健康快乐，才有能力设身处地为他人着想，为众生解困救急。

懂得关怀他人的人，较能使自己少欲知足而不起嗔心，促成和谐的人际关系，带来和乐的家庭环境。这就是从慈悲心出发，产生了智慧，自利也利他。

只要信仰三宝，用佛法自助助人，必能提升自己的人品，亦能影响到社会的净化。倘若人人均能如此努力，人间净土的到来，便指日可待了！

1993 年 8 月 7 日讲于花莲市明义国小礼堂，
苏丽美整理，圣严修改成稿

积极的人生观

一、出世不是逃避

今天的世人，往往误以激进的拼斗为积极，因而为个人制造不安，也为我们共同生活的环境带来困扰。许多人认为，人们信佛便是消极；许多佛教徒的言行，也给人家有消极的印象。因此常听人说：佛教是出世的，是逃避现实的。其实，出世并不错，逃避则未当。佛教的本质是积极的，至于消极的形象，纯粹是由于社会环境及错误的认识所造成的。

佛陀的明训，会为我们的环境带来安宁；佛教的理念，能为我们的社会带来祥和；佛法的实践，必使我们的身心获得平衡。信仰佛教的菩萨行者，定是最为积极的人。

二、人生观的意义

何谓人生？人的生命、生活、生存即是人生；人的生命现象以及人的生活环境，不同于其他动物，故称人生。

其他的动物，虽也有生命，却没有人类的伦理道德，也缺乏人类在彼此之间的责任感与义务心。人与人之间所遵守的规则即是“道”，由于行道而获之心得即是“道德”。若不能遵守人与人之间的伦常关系，不尽人之本分、责任、义务，便是没有道德，也不能称为合格的人生。

人的生活环境，除了共同的物质世界之外，也与其他的生物迥异，人类的生活环境中，有教育、文化、艺术、宗教、思想等的设施。

（一）教育

包括家庭的、学校的、民族的、社会的。生而为人，一定能享受到教育的环境，即使是不曾受过正规学校教育的文盲，也不能说他是没受过教育的，因为，他仍受到家庭教育、社会风尚、民族观念、伦理思想的薰陶。

（二）文化

是指我们的服装、礼节、风俗习惯、语言、法律、科学等人类社会由野蛮到文明演进的成果，它是由人类智慧创造出来的财产。人是文化的动物，不可能离开文化而仍被称为人类。

（三）艺术

能够知道如何将自然界的物质，改造得更为实用优美，更为赏心悦目，则归功于人类与生俱来的艺术天性，即使是很小的幼童，尚未入学，却执笔便会涂鸦，可见人的生命是沐浴在艺术的环境中的。

（四）宗教

在生命的过程中，人们难免会面临某些自己的力量所不能完成的目的或无法了解的道理，因而有了宗教的需求，相信除了我们人之外，尚有不可知的神鬼或灵界的力量，可以帮助我们解决问题，甚至连唯物论者亦不例外。

（五）思想

人在生命过程中，遇到了生活上的难题时，彼此互相情商，各抒见解，即是思想的基本形态，这也是人类之外其他动物所不可能有的特色。

因此，能得人身，生活在这教育、文化、艺术、宗教、思想的环境中，真是太幸运了！切莫因为不受重视，而以蝼蚁自居，应该好好地享受这丰富的人生环境，善予珍惜，善加利用。

然而，人究竟为何而生存？生命的价值究竟何在？又何处是人生的归宿呢？人在一帆风顺、平步青云、受人器重时，通常不太会考虑这些问题，当在孤单、失意或面临许多困扰挫折时，则难免茫然。

从佛法的观点而言，苦乐、贫富、贵贱、荣辱的心路历程，即是人类生存的目的；止恶修善、自利利他的生活方式，便是生命的价值；除了选定目标，努力以赴，人生别无归宿。

苦与乐、贫与富、贵与贱、荣与辱，都是相对的。苦过，不一定有乐；有乐，一定曾经苦过；乐过，可能即是苦来。贫富、贵贱、荣辱亦然。

我有位在家弟子，太太既漂亮又能干。我赞道：“你真幸福，太太好漂亮，又很能干。”他说：“师父，这叫苦尽甘来！我能追到这太太，花多少年的工夫，好苦哦!”我说：“真正的苦，只怕还在后头呢!”他说：“我知道，苦中作乐，苦乐无常。”

另有一位在家弟子，他的父亲是大企业家，将整个企业交给了他。我问：“你真幸运，生而富贵，现在又继承了产业，从来不知有穷的滋味，对不对?”他说：“师父，您错了，我也是穷过来、苦过来的!”原来，他的父亲，因为怕他长大之后，不知道穷的滋味而荡尽家产，所以从小开始，就限制他用钱，训练他自给自足，读书时，照样打工，而且把他送给人家管，不在自己的公司里上班。

事实上，贫与富的本身，也没有一定的标准，当今的大企业家们，往往是轿车、洋房，排场堂皇，但是也有一些空心大老倌，只是拿群众的钱做生意。

人类生存在这世界上，不管所追求的是富、贵、荣、乐，必有其背后相反的经验存在，而这些正负经验的心路历程本身，即是人类生存的目的。

至于生命的价值，则在于止恶修善、自利利他。予人方便，满足他人需要者为善；仅对自己有利，而对他人不利者是恶。做任何事，若仅有利于己而无益于人，终将后悔，甚至遗憾终生。唯有能够与人为善，才有永不褪色的安慰。

最近有一次，有位老先生来见我，他说：“这一生之中，最值得安慰的是，我有位学生当了某大企业的总经理，而且，在当了总经理之后，还来看过我一次，他说，因为我在教中学时，对他还不错。”那么，如果自己的学生之中没有人当大企业的总经理，是否便是白教书了呢？正在教书时，又怎知道学生之中，有没有人将来会当大企业的总经理呢？其实，不一定要当总经理，只要尚有几个学生，还能饮水思源，不做坏事，还算能够有益于社会，那你应该也觉得很安慰了。

所以，人生只要努力，就是目的，虽然辛苦，还是值得。人生何处是归宿呢?

纽约市由东河（East River）及哈德逊河（Hudson River）东西环抱。不论你是站在哪条河的岸上，舀出一瓢水，你知道这瓢水，来自何处，又将归往何方吗?即或你清楚面前这条河，是源自何处，流向何方，可是，眼前的这瓢水，在其流程中，承受的因素极多，的确无法断言其来自何处，将往何方，但却必有其来去之所。

人，在这一生的时间中，也像面前的河水一样，虽不知其何来何往，然必有其来处与归宿。这世间，凡事凡物，一切现象之发生，皆有其原因，虽有很多现象不知其原因，并不表示没有原因，既有原因，有许多事，虽似不合理，也即是有道理的。

佛法相信因果法则，因果的道理又是错综复杂、不可思议的，所以，我们的未来，由于因缘的起灭、因缘的变化根本不得而知，除了选定自己愿意信赖的目标，利己利人地努力以赴，实在别无归宿。

三、何谓积极的人生观

何谓积极?时时地生活于现在，既不将生命的时光，浪费在对于过去的骄傲与悔恨，也不将宝贵的生命，消磨在对于未来的幻想与忧虑，即是积极。

许多的人，成功时很骄傲，失败时很后悔，这都是我们努力前进的绊脚石。成功就是成功，当然有自己努力的因素在内，但还有赖于天时、地利、人和等社会因素与自然因素的配合。遭遇失败其情况亦同，往往不是个人的力量可以决定的事。

我有一位信徒，非常的能干、聪明，而且积极进取，诚然是大企业家的资质，也着实替他服务过的几家公司赚了很多的钱，因此，他常常心有不甘，终于出来独立创业。可是，每次总是运作不久就垮台了。几番起伏之后，认为命运弄人，而求教于我，看有什么办法。我说："所谓命运，即是自己过去带来的善根福德，不能强求，你别看你过去的那几个老板好像傻傻的、无能的样子，但是他却能用到你这样的聪明人。你做老板时，就用不到像你这样的人，对不对？"他答："是哦！"

可见，成功与失败，是由许多因素配合而成，并不值得骄傲或悔恨。

这世间，有不少的人常做美梦，憧憬未来，一桩桩不断地计划，一件件不停地构想，最后皆因缺乏毅力、信心，不谙方法，而成海市蜃楼、空花泡影。同样的，也有许多的人，因对自己、对未来缺少信心而杞人忧天，疑惧未来，徒增困扰。不论是思前或想后，皆无非是不切实际地虚耗生命。现在，就是现在，应该赶快地努力于现在！

前天，有位青年到东初禅寺来见我，提到他目前找到了两份工作，一份是全职，可是他并不挺满意，另一份是他喜欢的，目前只是半职，将来可能变成全职。他正犹豫不决，怕失去了将来的机会。我则劝他骑驴找马，而且好好地骑，以免落得在路上走，连驴也没有。

这就是一个信佛的人的态度，凡事在检讨得失与确定目标之后，全心、全力、全生命地投入于每时、每分、每秒的现在，做你应做的事。

至于如何地积极？首先应念念想到利人就是利己，便会积极。许多的人只管自扫门前雪，以自己的利益为最重要，其实，那是最傻的。

佛经中有个寓言，说有一条蛇，蛇头与蛇尾互争前后，计较勤惰。蛇头说："我好辛苦哦！吃了东西，结果通通归你享受，走起路来，在前面拖着你，你这尾巴，真是太麻烦了！"蛇尾说道："我最倒楣了，出门时，人家都看不到我，只看到你，没有我在后边死命地推着你走，你走得动吗？说到吃的，你专门享受美食，倒楣的是我，脏的、臭的，全归我来处理！"

我们人的身体，不也一样吗？虽分五脏、六腑、四肢、五官，每一个部分，都有它自己独立的功能存在，却皆属于同一个人，少掉一样，就不健康了。一个家庭之中，虽有父母、子女、夫妻、兄弟、姊妹，个个不同，但是，所谓家庭，就是由于有了这些人集合在一起生活，是共同的一个组织体，所以称为家庭。现代的社会、国家，虽有各行各业、不同阶层、不同组织体系的团体，可是都是生活在同一个环境、同一个国度里，彼此无法分割。勿使城门失火，池鱼遭殃，必须唇齿相依，守望相助。

例如，美国西岸的洛杉矶黑人暴动，东岸的纽约，便迅速地受到影响，虽未成患，但亦耗损大批防范资源，洛城之镇暴与重建，所耗国帑，亦必来自全美纳税人的负担。

如今的世界，由于资讯的发达，交通的便捷，全世界的人，宛若生活在同一个乡村中，故被称为地球村。因此，必须要有休戚相关、唇亡齿寒、息息相通的认识。

古人说："人不为己，天诛地灭。"今天的我们应说："人不为人，天诛地灭。"损人者必自损，害人者必自害，举凡某一地区环境的污染、经济的恶化、政治的混乱、社会风气的败坏，每每立竿见影，全人类的生活安全，很快地就受到影响。

因此，今天的我们，做任何事，首先要为全体的他人着想。所谓全体，在家里指整个家庭，在社会指整个社会，在国家指整个国家。全体受益的话，个人身居其中，必然受益。做生意时，必先考虑也让他人赚钱；交朋友时，先应想到我能对他有什么益处？如此，则保证你会被视为是一位活菩萨。

四、菩萨最积极

信仰佛教的人，可分三等：

第一种人，烧香祈愿，求神拜佛，只为消灾免难、富贵平安、万事顺利，但是并不了解，神与佛为何要平白地帮助他们、保佑他们。犹如将神与佛，当成地方贤达、土豪劣绅，若想在地方上出人头地、平安无事，便得拜谒送礼，以期他们高抬贵手、打点照应一番。那样还能算是神明与佛吗？

第二种人，信仰佛教，是为了修学佛法，出离三界烦恼生死之苦，获得无碍自在的解脱之乐；纵然不能得到解脱，也必由于修行三皈、五戒、十善的功德，来生得生天上或人间的富贵之家，享受福报。这种人，已经认识佛法，知道修行，了解三界（这世间）不是可靠安全之地，所以希望能往生佛国净土，因此，皈依佛、法、僧三宝，信仰佛教，并且不杀生、不偷盗、不邪淫、不妄语、不饮酒、不用麻醉品、不说无聊话（不绮语）、不骂人（不恶口）、不挑拨是非（不两舌）、不贪心、不嗔恚，深信善有善报、恶有恶报的因果观念，以此作为生活的准绳。

第三种人，知道佛法的真义是以无我的空观为基础，以慈悲救世的菩萨道为方法，达成成佛的目的，那就称为发阿耨多罗三藐三菩提心，简称发菩提心。“空”义难懂，系指这世间的所有现象，都是无常的，不断地在迁移、变化，没有一个永恒不变的实体，故称为“空”。既然所有的现象皆是空，是否就该不问不闻了呢？不！由于尚有许多人不明空义，因此巧取豪夺、你争我斗、不断地制造是非，我们要积极地去协助那些人，使他们也能了解世间是无常的、是空的。释迦牟尼佛的例子，便是最好的榜样。他看到世界上的众生太苦而发愿成佛，成佛之后，便来广度众生。

以上三种佛教徒中，唯有第三种人，堪称是学佛的人。学佛，始能成佛，成佛要从修行菩萨道做起。菩萨道的完成，就是佛道的完成。换言之，菩萨道是一个过程，而佛道才是结果。

《妙法莲华经卷四 · 见宝塔品第十一》说：“于无量劫，难行苦行，积功累德，求菩提道，未曾止息。观三千大千世界，乃至无有如芥子许非是菩萨舍身命处。为众生故，然后乃得成菩提道。”这便是菩萨行的写照。菩萨行，又名菩萨道，是以利他为方法，以成佛为目的。利他是基于慈悲，慈悲就是怜悯众生受种种苦，虽然畏苦、怨苦、恨苦，而又不知如何离苦，菩萨便以利他作为自利，首先奉献自己，最后成就自己。唯有最彻底、无条件、无休止地奉献出自己，方能成就大悲无我的佛果，所以菩萨是积极的人生之中最积极的榜样。

五、积极的四个原则

（一）积极在于付出

如果仅仅为了私利的争取而积极努力，因缘不成熟时，便会造成怨恨、嫉妒、失望；因缘成熟时，又会造成骄慢、自大、自满。

由于跟你自己的利害有关，任何烦恼都会发生，烦恼产生之后，首先受害的是你自己，接着跟你自己有关的人，亦连带遭殃。

若是为利他的付出而积极努力，付出的本身就是目的，尽心尽力，全力以赴。个人的生命有限，而众生的苦难无穷，故有菩萨誓愿“众生无边誓愿度”，而众生的苦难，出于物质的贫乏者固多，出于心理的困扰者更多，故又有“烦恼无尽誓愿断”的誓愿，以什么来度众生？拿什么来断烦恼呢？于是又有“法门无量誓愿学”的誓愿，而这三种誓愿的最后目标，则是“佛道无上誓愿成”。依此四弘誓愿，不仅在一生之中努力，生生世世皆要努力，不到成佛，绝不中止，所以是积极的。

（二）积极在于行善

利人而又能自利的事，应当赶快地做、多做、不断地做；虽无私利，也无近利，却有公利、远利的事，也应当赶快地做、多多地做、不断地做；从近处看，虽是自私自利，远处看则是利他的公益，更应当勤勉地做、多多地做、不断地做；仅为个人有利或少数人的利益，却要付出多数人的以及长久性的损失者，便不应做。

行善可用财物，可用身、口，也可用心。自做，教他做，或见到他人做时心生欢喜，即所谓“见做随喜”。善有大小，善中之善，则是以佛法化世，提供佛法之原则、方法，指导人生的方针，此即是最好的布施。故《菩萨藏经》中说：“我悉随喜……现以法施，充足众生，饶益众生，安隐众生，慈悲世间。”

（三）积极在于忍耐

伟大的事业，无一不是从失败的经验中获得成功；成功的要诀，在于百折不挠、愈挫愈奋的毅力与耐力。

对于一位修行菩萨道的人而言，必须感谢善意协助的人，也要感谢恶意打击的人。因为，顺利的因缘，使你事半功倍，走得更快；逆境的因缘，使你锻炼得更坚强。所谓毅力、耐力，即是佛法中的忍辱波罗蜜，是修行菩萨道中极难修的一种，就菩萨而言，没有一样事，不是成就菩萨道业的增上缘，那么还有什么事是不可忍受的呢?

(四) 积极在于安定

人生要在繁乱之中求安定，身心安定，即有安全；身心平安，即是幸福。在幸福时，不忘他人，能为他人谋福利，才是真正的积极。

人生要在绝望之时能安心。东南西北皆我舍宅，天地万物与我同根，还有什么不能安心的呢？只要一息尚存，便没有什么使你绝望的事。今日播种，他日收获；今生结缘，他生成熟。有些人，对于自己做的事失望，对所栽培的人失望，其实没有必要，做事即是做事，栽培人的那桩事即是目的，不要失望，众生有尽，我愿无穷，这是菩萨的精神。把心量扩大到无限，将目标设定在佛道，还有什么不能安心的呢？兵家有“绝处逢生”之说，禅宗有“大死大活”之论，都是安定身心的好方法。

人生要在身心的安定中求进步，在进步中求充实，在充实中知谦虚，在谦虚中接纳异己。许多人，充实之后，不知道谦虚，亦不能接纳异己，故也不能真正地充实，有容乃大，能包容人，才是真正的积极。

自己的身心安定，始能安定他人；唯有能够安置众生，努力于自安安人的人，才算是真正积极的人。

1992 年 6 月 6 日讲于纽约华埠的中华公所，陈果纲整理

现代佛教与生活

一、现代人的生活

现代的人，生活非常的紧张，非常的忙碌。但是，多半的人，不知道为什么这么紧张？为什么这么忙碌？现在的人，感到空间的距离愈来愈小，而人与人之间的距离却愈来愈远。对于时间的感觉亦是相同，因为接收到的讯息太多，想要追求的东西也太多，所以身心愈来愈忙，时间愈来愈不够用。但是究竟为了什么，却不知道！

大家都希望有独立的自我，但是并不了解“自我”究竟是什么。很多人希望别人尊重自己，却不知道如何尊重其他的人；希望环境能给自己更多的幸运，可是不知道自己是否也应该对这个环境负多少责任或贡献一些什么。而最大的问题是不知道人究竟是为了什么活在世间，也不清楚个人的终极目标在何处，更不知道应该怎么认定方向照着去做才对！因此现代人的杀手——心脏病、高血压、癌症、爱滋病、麻醉品等相率活跃起来。

这些，都是现代人的问题。如何解决这些问题？物质的改善、心灵的调理，许多学说，许多方法，应运而生，但却无济于事。因此有些人主张，21 世纪更需要宗教。我今晚从佛教的立场，为诸位提供一些意见，看看是不是能够有助于这些问题的解决。

佛教于已往的二千五百多年间，发源于印度，传至中国、韩国、日本以及印度南方的斯里兰卡、缅甸、泰国等地。释迦牟尼佛的出现，即在解决人类的问题，解脱人类在生活及生命中所感受到的烦恼及痛苦。

二、清净的生活

释迦牟尼佛告诉我们，消除烦恼、解脱痛苦的最好办法，是不做对自己身心、家庭、社会有不良影响的事，戒除危害身心及社会的杀、盗、淫、妄、酒及麻醉品等不良行为，同时对于自己的身心、家庭、社会有益的事，应尽量积极地去常做、多做。

据说，贵地亚特兰大被美称为“圣经带”，宗教信仰稳固，所以这里应该是没有犯罪或用麻药的人了，因为《圣经》也是劝导人们止恶行善的，对不对？（大家摇头）为什么事实不是如此呢？这就说明，不管是任何地方，虽然有很好的宗教，但是没有办法使得人人做到不应该做的事不做，应该做的事一定做。因此，释迦牟尼佛的佛法里，便提供了方法，使我们了解自己、主宰自己，并且从净化自身做起。

三、智慧的观照

佛教的智慧是指没有自我中心的知识。自我主观意识的判断愈少，智慧便愈多。它可以从清净的生活中产生，也可以从精进的禅修中获得。最基本的要求是：以分析的方法认识自己和这个世界的同时，也要亲身积极地如法修行。

所谓分析的方法，若根据最基本的佛学说明，是指“无常”和“因果”的世界观。无常是一个事实，它是一直在变动的假相，可是现象是存在的，并不是没有，所以因果的现象是有的，永恒的实相是空的。

有一次，在纽约，我向一位抱着刚出世不久的男婴来见我的弟子道喜，她说：“这只是证明我生了一个无常，他不会永远是婴孩，要长大、成年、变老，最后终将离开人间。”这位弟子口上这么说，是因刚听了我的课，但在她的内心中，孩子就是骨肉，岂能见到无常！

当我们遇到困难或不痛快的情况发生时，如果也能体会到一切是无常的，那么，不愉快的事很快就会过去了，这是从分析来减少我们自己对于这个世界以及人生的许多烦恼和困扰。但是，它的实际效益如何呢？少数人可以用这方法去开解自己，帮助他人；多数的人却只能用于助人而拙于助己。在听过这观念的学生中，有人说：“师父，所谓无常，实际上就是讲存在是假的，存在是一种虚妄。其他的人发生问题的时候，可以用这种道理安慰人、劝导人，但是，问题发生在自己身上时，由于无法离开自我中心而把自己缠缚在里面，便仍然无法开脱。”

我见过许多位已经知道这层道理的年轻人，在爱情触礁时还是非常痛苦。曾经有位男士求救于我，我说：“她是另外一个人，走了的也许就是不好的。你可以再找一个，也许就是更好的。”他说：“师父，因为您是出家人，您没有女朋友，所以您才能这样讲！”他又说：“问题是她要离开我，不是我要离开她。如果是我要离开她，可能没有这么苦，我不想离开她，所以仿佛被判了死刑一般的痛苦!”我便劝他：“一切都是‘因缘’，你只是其中的因素之一，有什么事一定发生和一定不发生，不是个人能够控制的，因为除了自己之外，还有其他的人，以及外在复杂多变的环境。”事实上，这世界没有任何一样东西，能在因素变化中，而又保持情况不变的。男女之间的爱情也是一样，并不是自己能够控制的。

另外，我认识一位做房地产的商人，他很努力，可是他的生意总比不上他的另外一位同行朋友，他也来问我：“为什么是这样的情形呢?”我告诉他：“没有其他原因，那个人应该多赚钱，你是应该少赚钱。”他说：“这不公平!”我告诉他：“也许你不合适做这一行的工作吧!”过一阵子之后，他的生意好起来了，于是他来告诉我：“师父，我并不是不适合做这一门生意的，只是前些时候，生意较差罢了。”我并不知道这是什么原因，我只知道一切事情都是因缘福德不可思议——主观的自己，加上客观的因素；现在的努力，加上过去宿缘及未来的机遇。

后来他告诉我，原来最初他只知道努力而不懂得推销术，现在他知道如何使得买卖双方都觉得受益而很欢喜地成交。所以，不论是自己努力的因素或外边环境的因素，只要有一个改变了，你的情况就随之而变。如果我们了解这道理，对于生命过程中所发生的任何事，都不应该欢喜或不欢喜，如果得不到的东西，永远没有办法得到，也不必心里难过。

四、宗教信仰

佛法的修持，可分为“信心”与“禅修”两个部分。信心，与一般宗教的原理相同；禅修，则有别于其他宗教。

宗教的“信心”，是当我们面临自己的智能所不能解决的困境时，必须相信另有超自然的力量来帮助我们。在佛教的立场，指的是相信有诸佛菩萨及护法神王。

最近几年来，我常常遇到一些患有绝症的人，他们非常的悲伤、失望，以为像我这么老的和尚，一定有什么不思议的神力，可以帮助他们。其实，我没有其他好方法，只会告诉他们：第一，不要怕死；第二，不要等死，应该做他想做而能做的利人利己的事；第三，也是最重要的，要深信三宝，发菩提心，要能每天常念佛号、菩萨的名号，或者持咒十万、二十万遍。本来有病的人应该去找医生，现在医生都不管了，就把生命交给佛、菩萨去，自己不要管它。这些人，多半都会接受我的建议，因此帮了很多的人。可是对某些因缘不具足的人，还是没有大用的，要走的人，到了时间就走了。也有些人已被医生宣告只剩三个月的寿命，可是直到现在，三年乃至十年都过去了，仍然没事。

前两天，我在新奥尔良（New Orleans）遇到一位冯太太，她说她的母亲卵巢长瘤，医生说是已经没有希望，也不必开刀了。冯太太就劝她母亲 起念“观音菩萨”名号。当晚，这位老人太便梦见有位穿白衣的人，拿着净瓶向她洒水，她很纳闷，以为是护士或医生在向她洒水，就喊道：“不要给我洒水！不要给我洒水！”睡在旁边的女儿就推问：“谁洒你水了？”这位老太太醒来之后，肚子痛得不得了，急忙上了洗手间，排出了许多紫色的血水、血块。第二天，经医生检查，发现她的肿瘤竟然不见了！这个女儿，原本不相信观世音菩萨，只是听说而姑且一试，没想到，便得到这样快速的灵验。

类似的感应事迹，其他宗教亦有，不仅《圣经》中有记载，我认识的一位很出名的传教士，也有过类似的经验，这都是靠宗教信心的力量。这力量究竟如何产生？不得而知。现代人在生活中，面临许多自己解决不了的事，用这种方法还是非常管用的。可是，这种仅靠信心的方法并非能被所有的现代人接受，因此，我们接着要介绍自我解脱的禅法。

五、禅修方法

禅，在中国叫作 Chan，在日本叫 Zen。正在学禅的人，应该都知道它最基本的方法是“放松”和“专心”。通常，在你专心的时候，你的头脑和身体都是很紧张的，所以当你工作一段时间以后，便会感觉很累而需要休息。可是，禅的修行方法，虽也要求专注，但在专心用方法的时候，要求把头脑、肌肉、神经都得放松。如何能在放松了以后，你的头脑还能集中，则必须经过训练了。

当你在练习禅修，你的身体也能真正放松时，你的呼吸便会非常平稳，血液循环顺畅。人身因其组织机能不通畅、内分泌发生障碍、荷尔蒙失调之时，便会导致各种疾病。如果你的身心能经常处于轻松的状态，许多的病症便能迎刃而解。

禅修方法可分动静两种。动的方法是指在日常生活中用心，静的方法是指打坐。坐时姿势务必正确，脊椎挺起，但胸部任运自然，不可作意前突，头要正，但不可太低或太仰，这样便能使我们的脊椎神经对内脏产生调整作用。即使不用任何方法炼心，只要姿势正确，对身体健康亦非常有益。

俞国华先生的夫人曾亲自告诉我，当他们夫妇参加史瓦济兰总统就职典礼时，仪式从早到晚，非常冗长，由于身为贵宾，坐姿不得不正，俞夫人本患某种慢性病，结果这么一天坐下来，病就自然好了。所以她对我说："打坐有什么妙用并不清楚，但是它可治病。"

这就说明了，坐姿正确，能使我们身体健康。但是，除了正确的姿势外，心理的放松也是很重要的，否则效果恐怕就不显著了。

六、消融私心，提升精神

现代人，有许多是缺乏关怀他人的精神的，其关键就在于太自私了，所以要用修行的方法来消融私心，提升精神。如何减少自我中心？首先应知自我是什么。如何认识自我？则有赖于动中的禅修方法了。

在日常生活中，时时刻刻注意自己的心念；从放松身心、注意呼吸开始，继而举手投足，都知道自己在做什么。说话时，知道在说什么，对人有益、无益，了然分明；走路时，步步清楚，知道自己的步伐，自己的方向；吃东西时，不要胡思乱想，而要细细地嚼，认真地咽；甚至如厕之时，也知道自己在做什么。念念分明，然后觉知无念，这时候才会最清楚地知道，自我即是无我。

当你在心无杂念的时候，当下只有单纯的自我；如果心中尚有任何念头，都不外乎是环境的现象以及过去、未来的印象，而不是真实的自我。若能再进一步，体会到所有的人、所有外在的环境，和自己是不一不异、融为一体，那便是统一的"大我"显现，这时你自己会心生欢喜，感觉非常的舒服，爱心亦油然而生。

如能百尺竿头更进一步，连"大我"亦消融净化，便是进入"无我"的空性，这就是智慧、解脱、自在。许多人由于不了解"小我"，所以畏惧"无我"。其实，无我是从有我开始的，先体解"小我"，才可以经验到"大我"，从而达到空、无相、无愿的"无我"

境界。

烦恼的重担使人感到疲累，皆由于你的自我心不是集中的，所以任何一件事、任何一个人都能影响你，使你失去自己，不知所措，也使自我变成外在境界的奴隶，称为“心随境转”，而不得自主。如果能练习到很清楚地知道“小我”是谁的话，就可以减少被外在环境影响的可能；如果能有“大我”的体验时，便会对这个世界非常地热心，积极地去帮助别人而且永远不会悲观；如果能进而达到“无我”的境界时，自然会奉献自己的所有，与一切众生，结平等法缘。

1991 年 11 月 5 日讲于美国乔治亚州
亚特兰大市佛教会，陈果纲整理

现代佛教青年应有之人生观

到慧炬来，是非常值得怀念的事。1975 年，我刚从日本得到学位，出席第四届海外学人国建会，也受周宣德长者之邀至慧炬领一笔密勒博士论文奖学金。那笔钱对我非常有用，领了到日本出版我的博士论文，非常值得怀念。从那时候起，十八年来我一直没有来过慧炬社。我想诸位同学在十八年前尚是孩童，没有见过我的人一定不少。

这次很荣幸受到郑振煌居士的邀请，到慧炬来谈一谈“现代佛教青年应有之人生观”。如果诸位认为没有抓到痒处，讲完后请同学们提出问题，也请老师们指教。

今天我想跟诸位谈的几个问题是：一、现实和理想，二、感情和理智，三、个人和群体，四、事业和名利，五、菩萨行者的条件。

一、现实和理想

年轻人多半理想多于现实，必须二者调和才好。如果没有理想，就没有希望，没有未来感，也就没有前瞻性。如果理想太高，那是不切实际，光谈理想，可能会处处碰壁而头破血流，结果常常会觉得怀才不遇。有许多知识分子非常优秀，就是不得志，处处失意，到这个环境，到那个团体，都觉得这个地方不对，那个地方不好，只有他们是最好的，可是任何团体都把他们当成难以相处的人。他们可能是最优秀的，却英雄无用武之地，是什么原因呢？那是因为眼光太高，没有办法与现实配合，也就是与现实脱节。

学佛的年轻人应该理想与现实兼顾，因为我们现在所受的、所遇的，都是过去所带来的福报和罪报。所以，如果我们希望改良社会，改变环境，就必须付出努力。不努力而要求环境适合理想，可能得来更多的苦报，结果是苦多于乐，失意多于得意。人家若问在哪里得意？是处处失意。为什么？因为眼高手低，不切实际。这点希望诸位年轻的同学们要了解，要记得。

二、感情和理智

感情和理智也是非常难以选择的。太理性则冷漠不近人情，太感性则没有原则，人家怎么说怎么好，常常变成婆婆妈妈，人家哭你也哭，人家笑你也笑，人家的问题变成你的问题，看到某人有感情问题，本来不是你的问题，一谈之下却变成了你的问题。不知同学们是否发生或发现过这种情形？年轻人常意气用事，可以为了朋友而两肋插刀，不管男朋友或女朋友，赴汤蹈火也在所不惜。名誉生命都重要，但为了感情，两者皆可抛，这是有问题的。在年轻时必须先把书读好，先把事业基础建好，站在佛教徒的立场，付出感情时必须带着智慧。

六波罗蜜中的般若波罗蜜即智慧度。《心经》说："行深般若波罗蜜多时，照见五蕴皆空，度一切苦厄。"人若没有智慧，会一辈子痛苦，人家的问题都变成自己的困扰，自以为很热情，但到最后却是最糟糕的人，因为你热情地对人家，人家不一定热情地对你。所以，不论爱情、亲情、友情和道情（道情是修行人之间的感情），一定要与理性配合，不与佛法智慧相应者不称道情，我们在处理任何事情时，都必须以清凉的智慧作依准。特别是自己的问题，更需要以理性来处理；对他人的问题，则不妨以感性的慈悲来处理。我常说我们要以慈悲来处理他人与我之间的事，以智慧来处理我自己的事。

智慧不是理性，理性可能是智慧，但智慧高于理性。我们要讲理智，便是要慈悲和智慧并用，不过两者兼顾往往是很难的。

昨天有一个人来问我，他是一家公司的总经理，未婚，也还没有想到要结婚，可是为什么不结婚又不出家呢？有两个原因：他的母亲需要他，不只是需要他照顾，而且是需要他结婚。这样子的情形，他问我怎么办？我说："你这样的人不能出家，要赶快去结婚。"他说他没想结婚。我说："自己没想结婚，何必在乎母亲要你结婚？"讲到这问题，我们都知道释迦牟尼佛已经结了婚又走掉了，对不对？弘一大师也结了婚又走掉了，对不对？所以我说，他这样子的人不能出家；也就是说，他的感情比较丰富，以致无法取舍。那么，出家是不是连妈妈也不要了？没有这回事！我们出家人更需要孝顺父母。我的弟子中就有把妈妈接到农禅寺来孝养的，有现实的例子在那儿。如果父母没有人养，我们一定要孝养，我们出家人不要父母的财产，但是父母没人管的时候，出家的儿女一定要把他们请到寺院来孝养。

三、个人和群体

个人一定是在群体的里边。现在许多年轻人都放弃、否定或忽略整体，只追求个人的荣誉、名利、事业，只要自己抢得快、爬得高，就算是成功。昨天早上，有一群某工学院的老师来访问我，提到他们办公室里就有这种人，问我该怎么办？我问什么样的人？他们说那个人对上边都是："是！是！是！马上办，照办。"可是拿到的事全部推给下属做，做好了，都说是他做的。这样子，嘉奖、升官的是他，没有做好的他马上就推说："这件事我已经交代某某人，怎么弄成这个样子！"就是说，争功而诿过。结果他步步高升，左右逢源，而在他左右的同事和部属，没有一个不恨他。

他们问我，我们佛教徒遇到这样的人要怎么办？我说第一是考虑离职，你们今天来问我，就是受不了，心里觉得委屈、不公平。第二就是要忍辱，修六波罗蜜中的忍辱波罗蜜，就要把他当成菩萨来看。我问他们："在这两种选择中，要选哪一种？"他们说："一时间想不出该怎么办？"我说："你们既然遇到这样的人，最重要的是不可以也变成这样的人，这是我们佛教徒的立场。"

作为一个青年人，一定要把个人和群体连在一起，把自己和他人之间相关联的问题同时考虑。如只考虑自己不考虑他人，这不是佛教徒。如果我们经常这样子考虑，有时候可能会处处吃亏，你成就人，人家就正好踩在你的头顶爬上去，好人被人欺，好马被人骑，看看我们要做哪一种人？

但是佛教徒不做烂好人，佛教徒不做没有原则的乡愿。我们不计较、不争功、不诿过，但是要让他人知道我们的感受，看他们是不是还要欺负我们。如果他们还是不断地欺负，只好让一让吧！你能够转变他，就转变他；不能转变他，那是因为你不是大菩萨，不是已经到了圣位的菩萨，你只是普通人，不要那么难过，不要想忍辱又忍不住，何必自寻烦恼？学佛本来是为了消烦恼，在这样的环境下，如果烦恼很多，只好远离。

所以，为团体牺牲，要看看值不值得。有许多佛教徒认为这是业报啦、因果啦，我们只能忍气吞声！其实，佛教徒不做忍气吞声的人，也不做为所欲为的人，佛教徒要做一个很有智慧心与很有慈悲心的人，这是非常重要的。忍气吞声不好，害了自己也害了其他人；为所欲为也不好，会伤害其他人，踩着他人的背往上爬。所以，我们要做一个有理性、有智慧、有悲心的人。

有人问我："法师您要不要名？要不要利？"我说："名缰利锁是我们佛教徒基本的认识，我是出家人不会不知道。若是为了追求虚名而努力，很可能变成沽名钓誉。"为了私欲而追求财利，很可能变成利欲薰心而自害害人，常言："人为财死，鸟为食亡。"太可怜了。不过如果你做某样事，对多人有益，对自己有益，但是不能出名，跟名没有关系，你做不做？我刚才讲一个人不能够离开群体，只要对全体众生有益的，我们就一定要做。古人有名言："求名当求万世名，谋利要谋天下利。"这是世间贤哲所讲的话。对学佛的人来讲，不能考虑名和利这两样东西，否则会产生问题。

四、不求名利，为贡献而贡献

可是，有极少数人不求名反而成了名。像虚云老和尚，我相信他是没有求名的，像印光大师，我相信他是不会求名的，但是他们都有了名，而且在佛教史上留下了盛名。释迦牟尼佛，我们相信他也没有求名，但是直到现在，全世界都知道他的圣名。对于那种水到渠成、实至名归的名，我们不必推辞，不必虚矫而说：“我不要名。”

名也有用，名就是名气。有名就可以影响许多人，没有名的人就不能很快而直接地影响许多其他人。至于名利和事业是不是一定有连带关系？不一定。有些人是幕后功臣，如做太太的对丈夫帮助相当多，但出名的却是丈夫；又如，幕僚们为长官奉献和提供智慧，但出名的却是长官。

这些人没有事业吗？有！他们的事业就是通过他们长官的大名，来对社会贡献，对大众贡献。释迦牟尼佛的大弟子或后代的僧俗四众弟子，在三藏经典里留下名字的也不多。《阿含经》所提到有名字的出家众只有几十个人，在家众也只有几十个人。其他的，一讲就是千二百五十人，却未说出他们的姓名，未见姓名的人，并不等于对佛法的弘扬没有贡献。至于那些在僧传中没有留下名字的祖师高僧们，就不算是大德吗？就不算是菩萨吗？所以，我们要为贡献而贡献，不是为求名利而贡献。

菩萨行者有两个条件：利人即利己，人成即佛成。菩萨初发心，未度自己先度人，这是大乘菩萨的精神。

我们要努力为人而不为自己。譬如：诸位同学，有的人学做医生，有的人学做律师，有的人学做会计师，有的人学做工程师，有的人学做教师，在现代的工商业社会里，医生、律师、会计师、工程师最受人欢迎，赚的钱也最多，好的教师则容易出名。年轻人发愿要做这些行业的从业人员并不是坏事，但一定要想到为什么要从事这些行业，不能够仅仅为了钱、为了名、为了将来个人的享受。

乃是为了能使更多的人不受法律困扰，所以做律师；现在的时代怪症很多，做医生是为了治病救命；现在会计师能够帮人家赚钱、看钱，也替政府管钱，好的会计师非常有用，能够做财富企划和诊断，不是专门为有钱人算账，而是为了整个金融的发展；工程师从硬件方面建设社会；教师从软件方面培育人才。若以这种观念利人，便是利己，也自然而然会得到社会的尊敬，那么名望和利益的获得，乃是水到渠成的。

五、敦伦尽分，人成即佛成

“人成即佛成”是太虚大师讲的，他这句话是不错的，但有许多人尚不清楚它的涵义。这句话是说：我们站在各人的本分，尽到各人的责任和各人的义务。做学生的要尽学生的责任和义务，做老师的要尽老师的责任和义务，做父亲的要尽父亲的责任和义务，做母亲的要尽母亲的责任和义务，做儿女的要尽儿女的责任和义务。一个人同时会具有好多不同的身份，譬如庄南田董事长，在慧炬是董事长，在企业的公司是总经理及老板，在家里是父亲，也是丈夫，对我来讲他是三宝弟子。可知，你对社会的贡献愈多，你所具备的身份地位和责任义务也愈多、愈重。我们要全心全力做好我们分内应该做的事，尽到我们分内应该尽的义务。

但是许多人只追求权利，却不尽义务。爸爸有爸爸的权利，丈夫有丈夫的权利，国家公民有公民的权利，诸位，你们具备多少身份，你们就有多少权利。我们这个时代、这个世间，追求权利的人太多，愿意尽责任、尽义务的人却不多，这是一种很危险、很麻烦的情况。

我们学佛的青年，应该尽自己的责任，尽自己的义务，尽自己的本分。这就是印光大师说的“敦伦尽分”。有人认为我们出家没有敦伦也没有尽分，至少没有尽到做丈夫太太的责任，也没有尽到做儿女的责任。但是出家人有出家人的身份，应尽出家身份的责任，不必有俗人家庭的责任，否则便不是出家人了。佛教要我们尽责任，就是要尽到现在身份能做到的责任。比丘没有太太，叫他尽什么丈夫的责任？比丘尼没有丈夫，尽什么太太的责任？没有这个身份就不必尽这个责任。但我们出家人没有说不尽儿女的责任，若能对一切众生尽到平等救济的责任，就是“人成即佛成”的内涵了。

1992 年 9 月 21 日晚上讲于慧炬社，
《慧炬》月刊三四三期刊载，高莺莺整理

人心清净　环境清净

这个时代，由于交通工具方便，通讯设备灵活，所以我们感觉到世界愈来愈小，最麻烦的是个人和自己内心的矛盾也愈来愈强烈，困惑了自己也迷失了自己。那么，佛法对于我们现在的人类究竟能提供什么帮助?

一、娑婆有无尽的亲切

佛法的观念，让我们知道这个世界在宇宙中所占的位置，就像恒河中的一粒沙。当我们感觉到这个世界是如此的渺小，小得像我们自己的身体一样，甚至于小得像个拿在手上的皮球或弹珠那样时，就能解除我们的压迫感。

如果用佛教的修行方法来体验我们内在的世界，也就是说，进入禅慧的经验后，就能够发现不只是外在有无限大的宇宙，我们的内心世界远比那外在的宇宙更大，而外在的宇宙既然是无限大，内心世界更可以大于无限。修行的方法，会让我们体验到内在世界是无限的深、广、远、大，实际上是超越于无尽的太虚。

佛法告诉我们，所有一切的众生，在过去、现在、未来无量的生死之中，彼此都曾经是、也即将是亲戚、朋友、兄弟、姊妹，无量的世界中所有的物质都曾经是、也即将是我们自己身体的一部分，从我们的身体变成物质环境，而物质环境又变成了我们的身体。因此佛经上说："三千大千世界的所有微尘，都曾经是我们的舍生命及受生命处。"这是多么的亲切啊！

如果我们有修行的经验，就可以体会到所有的有情、无情，不管是动物、植物或矿物，外在世界和内心世界并没有分开。我们个人的身心，和所有的人以及一切众生，都是连在一起的，而非孤独的存在。

所以，当我们用佛法的观念和修行的方法，来作为生活的指导以及生活的体验之后，会感觉到这个世界是很大的，对世界上所有的人、所有的众生，会感觉到非常的亲密而不是那么疏远的。

二、忙是佛的生活

在这个大家都非常忙碌的时代，作为一个修行人是不是也该忙呢？做一个修行佛法的人，也有非常忙的时候，他的感觉是怎么样的呢？

二千五百多年前，释迦牟尼佛住世时，印度的人民都是很悠闲的。可是释迦牟尼佛跟其他的印度人不大一样，他的一生，从出生到涅槃为止的八十年间，都是非常的忙碌。年轻的时候，他忙着学习文的、武的、宗教的、哲学的、艺术的等各方面的学问。出家以后，很精进地修行了六年苦行，什么方法都学，然后成佛。成了佛以后，他更忙了。我们从他遗留下来的经藏、律藏里，可以看到他在四十多年之间，为了教化众生，在恒河两岸东奔西走，关怀人间，指导徒众，很少有一天是坐着休息的，可见"忙"就是佛的生活。

"忙"没关系，不"烦"就好；"忙"不是问题，"烦"就变成了困恼。面对许多的事情，如果你只管处理而不担心它的利害得失，就不会有困恼了。

三、内心清净，环境清净

我们这个世界的环境是愈来愈麻烦了。呼吸的空气、所吃的食物、生活的地方，渐渐地愈来愈污染了，好像我们慢慢地就要生活到垃圾堆里去一样，因此，有许多人发起环保的运动。可是，在台湾某地，最近为了环保，结果制造了更多的环境污染，甚至为了争执保护环境而杀了人！

如果从佛法的立场来讲，这都是很愚痴的事。这是向心外征服、要求、期望的结果，那只有增加更多的混乱，而不会使这个世界真正地得到保护。佛法主张我们每一个人应从自己的内心清净做起，减少贪欲、仇恨、愚痴、傲慢、怀疑。这些心理的问题减少了的话，我们的环境自然而然地就会清净，自然而然地就会卫生，也自然而然地就能得到保护。

如何达到这样的目的呢？这要一方面依靠佛法的理论指导，另一方面要以佛法的修行方法，促使我们的心，从烦恼而变成清净。心清净，则世界清净；也唯有内心世界清净，才能够真正见到外在环境的清净。

四、心眼如镜，历历映现

我们从童年开始到老死为止，所见到的人都是平凡的普通人。普通人之所以称为普通人，是因为有贪、嗔、怀疑、傲慢、愚痴等的问题。如果能够反省到：假如我是个圣人的话，那些凡夫的种种问题对我来说，应该都不是问题；正因为我也是个普通的人，所以才会看到别人的问题，那我便能够原谅别人了。能了解自己也是个凡夫，也会做错事，也有缺点，就会同病相怜地原谅别人，谅解我们环境里所见的人都是凡夫、普通人。普通人有普通人的问题是正常的，不讨厌他们或怨恨他们，这在佛法里称为“慈悲”。佛法指导我们不责备他人，应以同体大悲的慈悲心去谅解他人、关怀他人，同时检讨自己、改善自己。渐渐地，对人、对己都会和平相处，所处的环境也会渐渐地清净起来。

我们自己若没有贪心，或减少贪心的话，对于物质的追求和浪费就会尽量减少，制造脏乱的机会也就相对地减少了。如果我们对于他人愈来愈有同情心、谅解心，那么人与人之间的关系所发生的环境污染，也会愈来愈少。

因此，只要有一个人修行佛法，这个世界就会增加一分宁静、安定和清净。所以，佛法对于这个世界是太重要了。

佛教并不反对物质生活的需要，但是，也不赞成过分的追求和浪费。佛法的修行并不局限于个人，但是，首先应从自己内心做起，然后影响他人。所以我们在台湾，正在建设的法鼓山的理念有两句话：“提升人的品质，建设人间净土。”这两句话就是佛教对现在社会的责任和义务，也是我今天演讲的主要内容。

1991 年 10 月 13 日讲于纽约禅中心，陈淑梅整理

绿化大地　净化人间

一、青山绿水今何在

四十多年前，我在上海时，听过一首“阿里山风云”的主题曲“高山青”，歌里有两句歌词：“高山常青，绿水常流。”描写当时台湾阿里山的风光。因此在我的印象中，宝岛台湾该是到处山青水绿的。但是经过四五十年，台湾环境渐渐恶化，乃为事实！阿里山流出的水，是否还是可以喝的，我不知道，许多的河流溪涧，均由于山坡地的农牧开垦及工业发展，被严重地污染了，这是事实！

日前，我在金山乡法鼓山，问三十多位参与禅修的社会精英：“五百年后我们再回地球访问，地球会是什么面貌？”大家各个失望地说：“那时地球可能翻了一个身。”“地球上可能已经没有山，连阿里山都不见了。”“人口太多，把山铲平填海了。”“山上树木都不见了。”但也有一位听众期望着说：“五百年后世界会更美，会出现人间净土。”

这两种看法，恰巧完全相反。诸位也请猜猜看，五百年后地球会是什么模样？会变得更坏，还是真有人间净土出现？今天我们如果不及时刹车或及时调整生活观念、调整生活方式，我相信，五百年后的地球，可能到处都是垃圾山，所有的人可能都会害着各种各样的怪疮怪病。

但是，如果我们及时回头，爱护环境，人间净土是可能出现的。从佛教徒的立场而言，只要努力，只要有心，未来不是不可以挽救的。我希望五百年后回到地球时，我们的子孙都已是生活在人间净土里。

二、现在菩萨未来佛

在佛教经典之中，将所有的生命分成两类：一是有情，二是无情。有情的生命是指动物世界，无情的生命包括植物和矿物。

在佛教徒来看，无论是动物世界、植物世界、矿物世界，都是我们身体的一部分。身体无法离开大环境，大环境便是身体的一部分，如果没有大环境，我们的身体就无法存在，而生存的环境，就包括了动物世界、植物世界、矿物世界。

佛经的《生经》中提到，所有的动物都可能是现在的菩萨、未来的佛。释迦牟尼佛在无量世以前，发菩提心之后，便一生又一生地在不同的众生群中广度众生。在不同的众生群里，他做过鹿、象、兔子、鸟及其他的种种动物。

因此，我们看到动物时，就应该想到，这些动物可能是发了菩萨心愿的未来佛，对待动物应该就像关怀、尊敬所有未来的佛一样。

但目前的动物世界，究竟如何？许多珍稀的野生动物，由于自然环境被人类文明破坏，已逐渐减少乃至灭种了。由于溪流、水塘、池沼、湖泊受到人为的污染，水鸟种类已慢慢少了。许多过去有的鱼，现在也不见了。不仅在台湾没有容身之地，在世界各地也都不容易找到栖身之所了。

就佛教徒的观点来看，森林等于是未来诸佛居住的世界。因此，当我们看到森林失火，就好像是看到台北市或者一个人口聚集的村落、都市发生火灾一样。这是佛教徒对自然环境的认识和看法。

三、在水边林下修行

释迦牟尼佛就是出生在一个公园里的无忧树下，出家后在森林中修道，而释迦牟尼佛成道的地方也在一棵菩提树下，成道后说法、首次度化五个比丘弟子的地方叫鹿野苑，也是树林。佛陀也常鼓励比丘们，当以“日中食，树下宿”为精进的生活方式。水边林下，乃是修道的环境。

在清水边聆听淙淙水声，同时也欣赏水的清净及宁静的境界。林下指的就是树林之下。释迦牟尼成佛之时是在尼连禅河边上，成佛前则在河里洗了澡。在印度人的观念中，恒河的水是天上来的，能在水里洗澡，等于是受上天力量的滋润，而得到罪业清净。在印度古国王登基典礼中的灌顶仪式，就是以四大海水来浇头，说明国王已受到水的滋润与祝福，可见水和树林对印度民族的重要性。

还有，释迦牟尼佛成道以后，有好几个修道和弘扬佛法的道场都在树林里，其中有一个叫竹林精舍的，就种满了竹子，甚至他在涅槃时，也是在两棵阔叶的娑罗树之间。

今天我们要考虑许多环保问题，我想就从法鼓山农禅寺推广起。不要多用纸张，就以吃饭用的餐巾纸为例，没有餐巾纸是不是照样可以过日子呢？我想还是可以的。

我曾看到报纸报导，台湾一个五口之家的家庭，一天用纸，包括卫生纸、包装纸等种种纸张，加上信箱中塞满的垃圾邮件，相当于用掉一棵树。台北市二百多万人口，那相当于每天用掉约五十万棵树啊！

二十多年前，我去日本留学时，当时是以用纸量多少来衡量一个地方的文明程度。台湾由于印书、印报纸、包装纸的用量少，日本用量大，所以日本是先进国家。现在这个世界的观念应该倒过来了，用纸用得最多的地方，是最野蛮、最不知爱惜自然资源、制造脏乱最多的地方。现在日本已在减少用纸量，而台湾却还没有这样做。我要呼吁各家厂商，注重商品品质，减少包装用纸，商品包装愈朴素愈好。

过去在市场用草叶树的叶子来包菜，不会制造污染，而今天用的塑胶袋是消化不掉的垃圾，如果说不能再用叶子来包菜，至少可用环保袋代替塑胶袋。环保袋只要稍加清洗后便可继续使用。

我们也在推行用环保餐具，包括碗、盘、筷子、汤匙。现有的泡沫塑料餐具相当简便，用完就丢，但对我们的环境却造成非常大的破坏；我们用的环保餐具是不锈钢的，用完洗过还可以用，用一辈子都不会坏，还可以传给我们的后代。人家说佛教徒衣钵相承，我要把我的环保餐具也传给我的弟子。希望大家也都能响应，平常都带在身上，随时可以用。

四、水资源保护刻不容缓

我的家乡在江苏省常熟市，是所谓的鱼米之乡，水质非常好，水中可以养鱼、种莲藕、莳菱角等。但在五年前回到我的故乡一看，我俗家前后两条溪流，真是“绿水”常流，水是墨绿色的。里头已没有鱼虾，而住那里的亲人还是吃那溪里的水。

我问俗家哥哥，田里收成如何？他说："好！是我们的社会制度使我们大丰收，收成是解放前的二至三倍。"事实上，是使用化学肥料及农药的结果，因此农作物的收成较好，但是农药也把河水染成墨绿色了。

台湾这个问题也很严重，以北投农禅寺为例，过去那儿的井水是可以喝的，现在受到邻近工厂污水、稻田肥料、农药的污染，已不能喝了。

记得小时候，我曾因用一大盆水洗脸，被师父责备，我不解："水那么多，为什么不能用？"师父告诉我："你现在不节省用水，旱季来临就没有水用了。再说，人的福报有一定的限量，你这一生带来的福报如果提早用完，就没有福了。就像饿鬼，有食物吃不到，有水不能喝，这就是因果报应，如果不知珍惜而浪费福报，下场会跟饿鬼一样。"

环保工作要从心灵做起，所谓心灵环保，就是打内心起彻底做环保，不只是呼吁大家少用点纸和水，多种几棵树……还要从每个人的观念、信仰、习惯改变起。

佛法讲因果，讲福报，就是心灵的环保。所谓"因果"，是指我们所做所为与将来所得到的结果有关。也许是我们这一生，也许是我们的来生，也许是后代的子孙，总会受到果报。再从佛教信仰来看，我们要为来生的罪福着想。因此我们不仅要珍惜现有的福报，同时要为永远的来生，培植更多的福报。

培福的方法为何？无非是少浪费、多付出、多奉献。以用水为例子，当水不虞匮乏时就要节省用水，免得旱季来时饱受缺水之苦。

五、少欲知足，知足常乐

佛法要我们少欲知足，知足则常乐。物质的贪求是没有止境的，已经有了的，希望多一点，多了又希望更多。佛经对欲望的可怕，有一比喻，就像是口渴的人喝盐水一样，愈喝愈渴，愈渴愈喝，最后变成死路一条。物质生活不能没有，但要适可而止，要知足，要惜福。

少的希望多，多的又希望更多，自己这一生拥有的，又希望儿孙也能继续拥有，这并不是很坏的事。但是如果因为贪得无厌而浪费了自然资源，那不仅不能造福后代子孙，反而是害了他们。

人间净土的推动，要从人的品质提升开始做起。如何提升人的品质？就是要多奉献，少追求。人类在世间，就像是同一个鱼缸里的一群鱼，生存的环境是相同的，其中有一条鱼如果多撒点粪，自认为是别人受害，无损于自己，岂不是非常愚蠢的事？竟忘了自己也是身在其中！

1993 年 3 月 12 日晚间由《中国时报》
文教基金会邀请，讲于台北市中正纪念堂广场

从佛教看我们的居住环境

二十多年前我在日本留学，当时日本的环境受到非常严重的破坏，东京湾的水不能养鱼，湾内的鱼不能食用，东京市内的空气也受到污染。但是日本人意识得快，做得也快，几年内便做了河川疏浚的工作，污染问题也在逐步解决。

今日台湾的污染问题比二十年前的日本更严重，人们虽然有环保的意识及要求，可是环保观念却是非常模糊的，总是在威胁到个人的利益及家庭的利益时，才想到环保，对自己没有切身关系、迫切需要时，便漠不关心，甚至制造污染，破坏环境。

一、台湾环境品质日趋恶化

（一）空气、水污染

台北市空气非常坏，走一圈市街，会发现鼻孔内是黑的、脏的，坐在汽车里也不能呼吸到干净的空气。

1992 年我到夏威夷旅行弘法时，发现当地的水资源非常有限，政府严格限制人口移入及居民人数，主要是因为水的供应出问题。二十年前，台北北投的地下井水可以饮用，现在挖井，井水是绿色发臭的，这是因为地面受到污染，连带波及地下井水。北投人若没有自来水供应，生活就会有问题。同样的，如果阳明山的水源受到污染，居住在北投、阳明山一带的人，生活也将受到威胁。台湾是一个海岛区，如果我们再不好好珍惜水资源，将来恐怕必须利用海水淡化方式才能取得饮用水。

（二）森林破坏

不只是台湾，全世界的原始森林已经愈来愈少，造林做得少而慢，却砍伐得多而快。由太空摄影，看到地球的许多原始森林遭到砍伐，就像是一只野狗身上长有一块块的癞疮，如果不好好治疗这只狗，它很快便会死亡。

我们必须珍惜森林的资源，多种树木，让台湾环境免遭破坏。

（三）土地破坏

台湾的面积相当小，为了种种的生产，土地被建筑物占有，也被农业开垦破坏。

1975 年我去美国纽约时，长岛是全美生产洋山芋最丰富的地区，几年前发现洋山芋有毒不能再食用，其原因是使用太多农药、肥料，破坏、刺激了土壤，因此政府下令，这片土地必须废耕十年以上，使地力再恢复。

以前农禅寺附近，一到傍晚，尤其是春天之后到秋天为止，都可以听到青蛙叫声，如今已经很难再听到了。过去四处可以看到鹭鸶踪迹，现在也已经很少看到它们的足迹了。

二、众生皆享有生存权

慈悲，是认为地球上一切众生都应该受到人类的平等关怀，因为只有人类有慈悲心，其他动物则不知何谓慈悲。“慈悲”二字是佛教对人类的定义：人受到教育的影响、佛法的薰陶，而产生了慈悲心。有了慈悲心，便应该平等地关怀一切众生，因为所有的众生皆享有生存的权利。

自然界的生物，有一个循环的生存原则，就是食物链，什么样的生物吃什么样的东西，然后回过头来产生同样的循环，这是无可奈何的事。

由于人为的破坏，现在生存于地球环境的众生，已不能自然地循环滋生，许多动物已失去生存的权利。人类也是众生的一分子，我们无权剥夺、破坏其他众生的生存权利，而是应该让他们也有生存的环境与空间，这也是慈悲的佛教徒应该做到的地方，因此我们至少要做到不滥捕、不滥杀。

三、佛教的居住环境

大家都知道，释迦牟尼佛诞生于印度一个小城邦内，这个小国有一个王家的私人公园，一直到现在还是佛教的八大胜地之一，叫蓝毗尼园，位于现在的尼泊尔境内。释迦牟尼佛时代，公园内满处都是树木花鸟，五年前我到那里朝圣，当时的花草树木，由于人为因素，现在只见一片荒凉的残迹，令人伤感。

释迦牟尼佛修行的地方叫作苦行林，是经常有许多出家人在那儿修行的森林，现在只剩下几棵树，象征着当地还是历史上的苦行林，这也令我非常难过。释迦牟尼佛成道后，马上去度化他的五位弟子，当时他们正住在鹿野苑的园林里，如今亦是一片荒芜。

再看看释迦牟尼佛一生中几处最重要的弘法和培养弟子的地方，例如祇园、竹园、庵罗树园等，都是著名的花园、公园，当初是成千成百的出家人，共同过着修行生活与集会的地方，那是在水边、在树下。

释迦牟尼佛是在拘尸那罗城的娑罗双树间涅槃，我在印度时只看到一棵，那还是后来补种的。释迦牟尼佛的一生和自然环境密切地结合在一起，但是现在的自然环境已经受到严重破坏。

佛教在释迦牟尼佛涅槃后传到中国及世界各地，出家人大部分也是在城郊、村落边缘有树有水的地方修道、生活，以便托钵。

中国佛教徒一定听过一句话："天下名山僧占多。"我把"占"字改为"建"字，成为"天下名山僧建多"，我们看到中国大陆的名山古刹，都是代代的僧人建立起来的。

许多僧侣住在一起修行的地方，称为"大丛林"，而众多出家人、许多佛教徒共同聚会的场合，称为"清净海会"，像大海一般清净，像水一样从四面八方汇聚到大海，正如今天诸位参加这场演讲，也可称之为"清净海会"。可见佛教跟山林与海水的关系是多么亲切。

四、惜福的生活观

现在谈谈佛教的生活观念。佛教的生活观是要知福、惜福、培福、种福，才叫作"有福"。

大家都希望有福报，例如：中国人过年时喜欢把“春”、“福”二字倒过来贴，象征春到、福到，春天到了，希望也来了；希望来了，福报也跟着来了。但是，真正的福，应该是先知道“有福”，才可能会珍惜福报，因为福报得来不易。

“种瓜得瓜、种豆得豆”，可是种瓜不一定得到瓜，种豆也不一定得到豆，有瓜一定是种了才能得，有豆也一定是种了才能得，即所谓种善因才能结善果，一定要珍惜得来不易的福报。

和十几、二十年前相比，生活在今日的宝岛台湾，我们的福报实在太大了。我们应该知道自己生活在福报之中，不要浪费、挥霍福报。这就等于我们存在银行的钱，是辛辛苦苦赚来的，不是不劳而获从天上掉下来的，我们必须珍惜它才能保有它，不但珍惜它还得增长它，使福更多，福一多，生存的保障也愈多。否则有多少福报就用多少福，生活便没有安全的保障了。为了更安全、更幸福，我们必须培福、种福，才能有福。

可是自然资源似乎是来得太容易，我们往往浪费了还不自知，不管吃的、用的，我们都在不知不觉中浪费了许多。尤其是现在的年轻人，对惜福的观念还不能接受和了解。

二十多年前我在日本，有一次看到一对父子在吃饭，儿子吃饱后拿了一块甜点和一个苹果，都各咬了一口就丢掉了，他的父亲便说：“儿子啊！爸爸小的时候想吃块甜点都很不容易，也不可能一个人吃掉一整个苹果，你怎么把这些都浪费、糟蹋掉了呢?”儿子回答道：“爸爸，你太古板了，你小时候可怜没东西吃，现在冰箱里随便拿，都有许多东西可以吃，我已经吃饱了，这些东西又不好吃，为什么不可以丢掉呢?”

这是我在日本亲眼经历的一则故事，在座很多人或许也遇到过这样的情况，甚至多少也有这种观念。因为资源丰裕的缘故，我们工作一天可以买到许多苹果，如果不好吃或吃不完便觉得可以丢掉，但是没有想到丢掉这些东西，等于是浪费资源，同时也制造了环境的污染。

一天之中，如果制造的垃圾愈少，我们的生活便可以保持得愈清净，若任意浪费资源，对环境的破坏便愈多，这是相互循环的道理。许多人把自己家里的垃圾往外丢，却在走过街头闻到这些垃圾臭味时，都不约而同地掩鼻而过，就是没想到这都是自己制造出来的恶果。

台北县、台北市为了垃圾问题，产生许多争执，台北市希望把垃圾倒到台北县，台北县说："我们不需要垃圾。"同样的问题在美国也发生过。有一次在纽约港口停泊两大船的垃圾准备出海，但不知要运到哪一个岛，被发现后，便处处被严密地监视着，这两条船在海上漂流几个月后又回到纽约。这足以说明本来虽未想要害人，最后却害了自己。我们制造垃圾时好像与己无关，其实关系是非常密切的。

佛教徒的另一个生活观念是宁静、清净、整洁、简朴，这便是修行。

有一个统计显示，在美国食物被吃掉的只有百分之四十至六十，被丢掉的也是百分之四十至六十；也就是说，一半被吃掉，一半被糟蹋掉了。其实我们吃东西时，只要拿够吃饱的分量就可以了。

现在不论在台湾或西方的餐厅用餐，大家都有一种习惯，如果不剩下一些，就表示这个人不懂礼貌，是贪吃。请问这种习惯好吗？显而易见的，这样不但增加清洗碗盘人的麻烦，流出去的菜渣也会污染大地、水沟及海洋，既浪费资源也破坏环境。

台湾现在没有人饿死，但世界上有三分之一的人口，还生活在饥饿的边缘，如果我们不惜福，不过简朴的生活，将来台湾可能会发生同样的问题。

五、自然环保

山河、大地、阳光、空气、水和我们生存的空间，都是自然环境，更重要的是，我们不能没有土地让我们生存、活动。从佛教的观点而言，不论地面、地下、空中、水中、城市或山林，无一处不是众生的家园。

台北市的基隆河曾经是清澈的，现在都变绿、发臭了；早期高雄市的爱河是干净的，后来工业发达，住民愈来愈多，废水排到爱河，使得爱河变成臭河。现在爱河还是臭的，基隆河还是绿的，河里还可能会有水族动物吗？

空中应该是没有问题的，但工厂密集的地方，鸟儿不敢飞过去，飞过了便会中毒。我曾经在日本大阪经过，那是一个工厂密集的城市，空中已很少有鸟飞过，若有，也是生命力相当旺盛的种类。

本来大地无处不是众生生存的家园，现在，众生的家园是愈来愈少了，不仅城市受到污染，乡村和山林也一样被污染了。

梨山下有一个达见水库，水库的水质本来可以饮用的，后来因为上游山坡被农民使用及农场开发，水已经有毒不能饮用了。在佛教的观念里，每一处空间都是众生生存的地方，如今环境受到巨大的改变，人口虽然增加了，人类生存的空间与环境却愈来愈少了。

六、珍惜资源做环保

佛教也认为，任何一个空间方位，无一处不是佛菩萨救济众生的地方及修行的道场，因此自然界的一草一木、一石一沙，都被看成是修道的地方，所谓："一沙一世界，一花一如来。"青青翠竹、郁郁黄花都是如来说法的型态，我们把整个的自然环境都当作是诸佛的法身，为我们说法，给我们恩惠。所以对任何一样东西都要珍惜，用它、吃它是为了维持生命，而生存是为了修行，要自利利人。除了必须吃、必须用的东西之外，便不该浪费，否则便是有伤慈悲。

地球上的原始森林已经很少了，但我们却砍了很多树木制造纸张。每天我们可以从每户人家信箱中发现许多广告印刷品，每次只要一有群众运动，马路边上便可以看到很多宣传纸张，实际上这些都是一棵一棵的树被砍倒后制造成的。这样一来，一方面破坏自然，另一方面又污染自然。

在农禅寺，除了卫生纸，其他的纸都集中给再生纸的制造厂商回收，其实看过后不要的书籍，也应该集中作为再生纸，但愿全台湾的人，都能响应这样的运动。

有一位女居士到农禅寺看我时说：她的丈夫印了许多观世音菩萨像，因为不庄严所以没有人要，不知如何处理呢？有人教她烧了，有人教她埋了，使她非常烦恼。我则教她拿去当再生纸。因为烧掉一来制造空气污染，二者浪费资源。当然埋在地下也是可以，但是现在已经没有多少人能有属于自家的土地可以埋了，纵然埋了，也造成地下污染。因此最好的方法是回收后，做成再生纸。这位女居士听后说："师父啊！这很罪过。"我说："阿弥陀佛！如有罪过，算是我的，因为是我教你拿去做再生纸的。你可告诉菩萨：‘请不要责怪我，都是圣严法师教我这么做的。’就可以了。”我是不是真的有罪呢？相信是没有的。因为印刷成纸张的佛像，当你供养的时候是将它当成一种工具，象征着佛菩萨，并不是说那便是真的佛菩萨。如何处理则是按照我们的意思，只要不是故意糟蹋它，是不会有罪过的。

七、尊重自然法则

前几天有人到法鼓山去，他看到那里有好多台湾本土生长特有的野花、野草，觉得非常珍贵。他说：“啊！法鼓山还有这些花草，法鼓山开发后是不是要把它们都铲掉呢?”我告诉他：“我们还是要保留这些的，它们是在这里住了很久的‘原住民’，我们一定要尊重它们生存的权利，保护它们。打算盖房子的地方我们一定要想办法移植，让这些植物能绵延下去。”

这些原来在台湾岛上随处可以看得到的东西，已经愈来愈少了，到处滥垦开发，造成这样的后果。

生态的资源非常奇怪，在法鼓山有一棵榕树，两个星期前还是满树的叶子，上个星期我再回去看时，叶子已经被啃食精光了。这棵树是被非常漂亮的虫吃的，吃了以后就变成蝴蝶，我觉得这也是值得的。树叶被吃光后便能养活许多蝴蝶，虽然多数的虫吃完后便死亡，没有蜕变为蝶，但是这是自然界生态的自我调节，树叶虽被吃光，明年一定又会长满一树的绿叶。

换个角度看，若我们使用农药喷死这些虫，树是否会受到保护是一回事，但生态的循环却受到破坏了。

所以在法鼓山，我们都不会刻意去理会这些虫，它们自己会去找东西吃，生与死是自然的循环。人类知道不要做危害自己生存的事，但更进一步要做到尊重其他生物生存的权利。

但是若因为放生而破坏自然环境，就必须仔细考虑了。以前放生，是把鸟放到森林里去，把鱼放到潭里去，可是并没有考虑到南部的鸟可以放到北部吗？高山上的鸟可否放到平地？人工养殖的鸟，可否放到高山野外？深水鱼、温水鱼都可以任意放到浅水里及冷水里吗？这些大家都是没有考虑过的。

因此，以往的放生是非常愚蠢的。例如：石门水库一年会捞一次鱼，都有许多人前去放生。许多年前我们在新店溪的上游放生，鱼刚放掉，还不熟悉环境，很快就被捞起来了，这些人是在看到我们把鱼倒下后，赶快把船开出来，明目张胆地把鱼捞走了。

现在我便呼吁不要再放生，因为放出去的鱼和鸟很可能会死在无法适应的自然环境里，若鱼死在水的源头里，人们便喝那些死鱼的毒素了。

我们要改变放生、护生的观念，应该把放生的钱拿去做珍稀野生动物的保育、医疗，让这些动物有一个调养的地方，复健后再放回原来生存的环境，这才是真正的放生，否则就不是慈悲，而是杀生。

许多人买乌龟放生，并在龟背刻字，可怜的乌龟便受到残忍的虐待，一次次被人捉来再刻上字再放生。如果我们不放生乌龟，它们便会生存得很好，不会经常被人捕捉。

八、生活环保

养成“惜福重于享福”的习惯就是一种美德，这个观念一直很难被人接受。一部分的经济理论家说："鼓励消费便是刺激生产，消费得愈多生产量愈高。"

但是也有相反的意见，因为天然资源有限，世界上的资源只会愈来愈少，不可能愈来愈多。现在我们利用大量的钢铁生产机械，大量的石油供给能源，没有想到地球本身是个"有限公司"而非"无限公司"，不可能无限地供应。

我经常这样比喻：人身上有皮肤、血、肉与骨骼，地球也一样有骨、有血、有肉，我们使用自然资源，等于是把骨头一块块拿出来用，把血液一桶桶地抽出来用，抽多了以后会贫血，没有血便死亡，那时候的地球就成为一个死掉的、无人居住的星球。

想把资源从外太空或其他星球运回来的可能性是很小的。为了人间净土能在地球上实现，我们应该珍惜自然资源。

社会上的抢劫、绑票、偷窃，看起来这些人以为只是损害他人。有些犯人更是异想天开，认为如果犯案被捉到是自己倒楣，没被逮到是自己福气，这种观念是全然的错误。因为我们的自然环境及社会环境，就像是同一个人的身体，只要身体上任何一部分受到伤害，一定会影响到全身其他部分的健康。

自害害人是最愚蠢的，短时间也许会以为是自己受利，若从长时间看，一定会遭受到一定程度的报应。

九、礼仪环保

人与人的关系是建立在礼貌之上的，但是今天社会上懂礼貌的人太少了，发自内心真正懂礼貌的人更少。有些人是为了自己的生意，和自己有利害关系时，不得不说几句有礼貌的话，表现出礼貌的行为，若对于不相干的、疏远的人，却没有礼貌。

在日本，见到人时，一定会互道早安、午安及晚安，孩子要出门上学及回家之时，也都会禀告父母亲。

我曾经在台湾看到一位年轻人等车时，东张西望踩到一位老人家，他一看是一位老人被踩了一脚，便赶快跑，一句对不起的话也不说。老人便追上去对年轻人说："对不起啊！我的脚吓了你一跳。"这老人是希望年轻人汲取这个经验，以后踩到别人要说一声对不起。

站在佛教的立场，有三个礼仪项目：

（一）身仪的礼让、礼敬

佛教徒合掌、军人敬礼、一般人鞠躬都是礼貌，行、住、坐、卧，待人接物中，谦让、诚恳的态度也是一种礼貌。

（二）口仪的赞美、慰勉

有时即使对方错了，也要慰勉一下，对的更应该赞美才是。对方如有两点正确、八点错误，我们应该赞美他对的两点，而慰勉错误的八点，告诉他现在虽错了，但是下次一定会改善。

对父母师长等长辈，对诸佛菩萨乃至祖先，也可用身仪、口仪来表示我们的尊敬。对活着的人要赞美、慰勉，对亡者也该赞美他们在世时的美德。

（三）心仪的真诚、恳切

我们应该用真诚恳切的心来敬上礼下，对人对事都以感恩感谢的心来接触，如果心里不诚恳，任何一个外表的礼仪，做得再庄重都不能感动人。

在任何仪典中，若用物质的浪费来铺张，只是资源的损失，讲究场面，仅是虚荣的满足，不是真正的礼仪。

唯有以真诚恳切的心仪，赞美慰勉的口仪，谦躬整洁的身仪，来举行仪典，才是真正有益于社会的礼仪。

时下的台湾，在丧葬、祭祀的礼仪方面，尚有商讨、改良的必要。我们经常可以看到大出殡的排场，送葬的队伍长达几百米，甚至几里路，阻碍交通。队伍中又是西乐，又是国乐，加上出家人敲木鱼诵经念佛，都通过扬声器、麦克风大声播放，对沿途的住家造成噪音污染。

还有一种习惯很不好。我曾看过一辆车，车上有一个灵位，大概是刚从火葬场回来，可能除了灵位还有骨灰，车子一边前进，一边有人向车外一张张丢着冥纸。

这是毫无意义的事。家中如果有人往生，应该念佛菩萨的名号，若是自己念累了或是没有那么多人轮流念，可以放“阿弥陀佛”圣号的录音带。念佛让亡者及活人都有一种安慰感，平安且祥和，让亡者往生西方，令活着的人相信将来自己也会往生西方，如此一来，生与死之间便没有那么恐惧，距离亦不再遥远。

台湾另有一种民间信仰也需要改进：把死狗丢进水里让它随着流水漂向海里，把死猫挂在树上日晒夜露。台湾话是：“狗死放水流，猫死挂树头。”其实狗尸不会被水流到海里，反而身体会膨胀把河水污染了，猫尸腐烂生蛆，空气中也会闻到尸臭的味道，危害公众的卫生。

也有人迷信吃了中药的药渣，最好倒在十字路口让人踩了，吃药的人很快就好。意思是踩药渣的人会把病带走，这安的什么心啊？

十、心灵环保

心灵环保的意思，是要我们从没有道理的信仰，进步到正信佛教的信仰，也就是理性与感性调和的信仰。

台湾多少年来有大家乐、六合彩的赌博游戏，希望中彩的人就去拜土地公，求梦、求明牌。如果每一个人都求，而土地公都能出明牌，这些横财从何处来呢？这是非常愚蠢而且不合理的心态，因为土地公不可能印钞票，鬼神不可能生产任何东西，怎么可能求得明牌就有横财到手呢？

心理不健康就是心有病。心灵环保是治本的，生活、自然、生态的环保是治标的，若心灵没有认同环保的理念，一切都会落空。心理健全，环保的工作才能扎根、有效、长远、广大。

1993 年 9 月 8 日由台北县政府主办邀请，
讲于板桥市立体育馆，林婉淑整理

人间净土

刚从贵馆楼下上来，看到一些标语，提醒我们要为子孙留下一片干净的乐土；像“森林是大地的花园”、“红树林是螃蟹的家”，等等，使得我今天在此讲人间净土，感觉非常贴切。人间净土的实现要从我们的环境开始，环境宜从自然，再加上人为的美化净化，切不可由于人为的破坏使之成为脏乱的秽土，爱护自然环境，才能使之成为清新的净土。

一、和乐无争

首先说明净土的意思是指清净的居住环境。现在到处可以看到和听到在提倡环境卫生、环境安全的运动，环保意识很高，这正好表示目前我们所处的世界，还有许多情况是要等待改善的。感觉不满意，就不是净土。

净土也是指和乐无争的社会。世人多在为名争、为利争，还有人倡言是为公利、公益争。即使为了公共利益而争，到底是争千秋呢，还是争一时？其实凡有争执，都是烦恼。佛法主张以和为贵，唯有和诤，才能安乐。许多问题都不是用争可以解决的，应用理性的疏导及慈悲的关怀，才能将问题化于无形。

争执是对立的，各执一是，各取一端。你站一边，我站一边，总有一边不对。如果每个人都让一步，问题就没有了。好比过桥，我从这边过去，你从那边过来，两人在桥的中间相逢，桥面很窄，只容一个人通过，两人争持，谁也不让谁，结果至少会有一人掉下桥底，也可能是双双落水，两败俱伤。

以佛法来讲，忍辱就是福，但这并不等于是逆来顺受，而是给双方有一个回转的空间。你冲击过来，我不要马上反击过去。你从左边打过来，我偏到右边去，临渊止步，悬崖勒马。或者，人家非要把你击倒不可，你自己就先倒下去吧！你已倒了，你已认输，但却保全了身体，然后过了一段时间，你又可以站起来了。以忍辱、慈悲和智慧来处理问题，争执大概不会产生。纵然发生，也能大事化小，小事化无。

目前的议会文明，总是打打吵吵，使得电视观众，面对这种画面的报导，非常苦恼！如何才能使打的人不打、骂的人不骂，届时我们的世界才有净土出现。

二、平安健康

人人都希望生活在平平安安、无忧无虑的世界，可是我们目前的社会并不平安，焦虑太多。出门时马路上常见到车祸，看报纸，每天都看到各种不同的灾难，出现在这里、那里，虽然大家在心里希望平安，事实上并没有平安的保障。

我有一次坐出租车，看见驾驶座上方，挂着十八王公、行天宫等三四个祈求行车平安的保护牌。结果司机老是超车、超速，我劝告他开慢一些，他则说：“放心，我开车平安得很，从来没有撞到人。”我告诉他：“你是平安，但是你让人家感到不平安。假如半路冒出一个行人，没想到有人开这么快的车，就会发生不幸。让别人提心吊胆，失去平安的保障，没有平安的感受，就是在制造不安。”每一个人都希望平安，但是能不能再想想，当我们做事、开车，有任何动作，有任何言论的时候，是否也能顾虑到让别人获得平安的保障。若能人人都让别人感觉平安，我们的世界就会慢慢地成为净土。

生活在净土世界，应该都是健康无病的，不仅身体健康，心理也健康。但在我们的社会，有的人身体很好，常常运动，可是常和他人吵架，老是抱怨自己的遭遇和家庭，抱怨社会的制度及环境，这种表面健康而心理不健康的人，其实是有病的，而且是害着传染病的人。心里充满怨恨、愤怒和强烈不满的人，谈吐中也会让人感觉不安全、不卫生，影响到被他接触到的人。

若希望人间净土在我们的环境中出现，当要体会净土的健康无病，就必须从每一个人自身做起，言行举止，都是健康的，当别人看到你的面孔时，也能有健康的感觉，不要让人家见到你时就像见到瘟神一样，退避三舍。我们要做个无病的人，并且也要做个消毒的人，常为自己的心理、口头、身体的行为消毒，也常为社会、家庭消毒，人间无病健康，净土才会出现。

三、富贵有钱

净土中遍地黄金、珍宝，全部都是无价之宝。因为全部都是无价之宝，那就不必说是无价之宝了，所以也无人争抢。

古云："饥寒起盗心。"但是现在的台湾，做强盗的人不是因为饥寒，而是为了满足虚荣和享受，他们开的是一流的进口车，住的是洋房，生活不穷，而是心穷，欲望无止境。物质生活的贫与富，很难判断。有人花钱如水，挥金如土，家财万贯，仍不满足，想要的东西还是很多，希望人家的东西通通变成他的。这好像是一只贪心的猴子，在桃子树上，看到每一个桃子都想摘，摘一个挟在腋下，再摘一个再挟在腋下，桃子树都被摘光了，手上可能仅抓住一个。它虽只吃到手上最后一个，整棵树的桃子，都已被它糟蹋光了。这世上贪得无厌的人，多半是这个样子，害了许多人，也累了他们自己。佛经中有一则比喻：贪欲不满足的人，好像饥渴的人饮盐水，愈喝愈渴，愈渴愈喝，最后便被盐水咸死了。中国也有"饮鸩止渴"的成语，异曲同工。

可知丰富的生活，不是要使地球上的每一寸土地都变成黄金，而是把我们内心的欲望减得愈来愈少，并把拥有的东西，尽量布施给人。只有能有东西给别人的人，才是富人。把自己的钱用出去，对人有益，于己无害，便是有钱的人。

净土世界的人，每天都会拿了鲜花及饮食等物品，到十方世界去供养诸佛，这是富贵中人。如果不肯布施供养，老是贪得无厌，就像饕餮鬼一样，一直吃着食物，肚子永远不满，因他光是一张大嘴巴，没有身体也无肠胃。合理的钱可以赚，赚得愈多愈好，也用得愈多愈好，用来回馈社会，利益众生，这才是大有钱人。

四、继往开来

何谓人间？即是人类的生存，人类的绵延。从过去久远以前的祖先，一代一代传到现在，传向未来，代代相传的关系叫作人间。人类文化的承先启后，从传统的过去走向前瞻的未来，这样的历史过程，叫作人间。

何谓人间？从人与人的关系产生种种的互动，可知人类的相互关系，便是人间。人生的舞台是人间，人与人的彼此间均有各种关系，在人生的舞台上每一个人都得扮演许多不同的角色。从佛法的观点来说，我们在过去世与未来世，当然有可能是人，但也不一定是人，这要看我们所做的事而定。如果现在我们做坏事，未来大概保不住人的形相；如果做很多善事，未来可能生天或生到佛国净土去。人间是属于众生的类别之一，在这环境中，把众生分成六个等级，称为六道轮回：人、天、阿修罗、地狱、饿鬼、畜生。在人生舞台上，还有其他众生在活动。其他的众生不是主角，主要是因人能造业，能改变这个世界；其他的众生只能受报，没有改变世界现况的能力。人除了与其他动物一样有食、色之欲外，还有记忆、思考、改变环境的能力。

人际关系，即是人间。隔壁的邻居和我们有关系；同坐一辆车也同是乘客的关系；同听一个人演讲，彼此都同是听众的关系，在这以前不认识，以后也许也不会见面，但已建立了关系。人不可能单独而孤立地生活，一定要靠其他的人共同生活、互助合作，佛法叫作因缘所成。人间是由许多的因缘和合而成，你和我有缘，所以产生关系。缘有善缘、恶缘，善缘是缘，恶缘也是缘，若要建设人间净土，就要避免恶缘，增长善缘。

五、广结善缘

大家要广结善缘，莫结恶缘，结恶缘很麻烦，冤冤相报无有尽期。若能用平等的慈悲心，与所有的人结缘，名为广结善缘，这样才能符合人间净土的条件。

如果无力结他人缘，能让人家结你的善缘也是不错的。如果你什么也不会，什么也不行，处处都需要别人照顾，正好就有愿意照顾你的人，你就用满心的感谢来回馈照顾你的人吧！因你接受善人结缘，便跟善人产生了好的关系。

结了恶缘怎么办？冤家宜解不宜结，想办法把这笔账理清一下。但也有些账是纠缠不清的，你认为是已还账了，可能到你临死为止，人家还是照样吃定你、要整你，不会因为你对他好，他就改变了要你老命的心。若遇到这种情况，不要让他欺人太甚，要不然他会造业太重，但是施一点小惠，让他占一点便宜，没有关系。若有人怨恨你不已，就让他发泄一番也是好的。好比有人在盲肠开刀之后，一定要让他放屁才好。有些人乖戾凶暴，也许是他过去生带来的恶因恶习，致使人人讨厌他们，把他们当作坏人、恶人，我们也不要报复他们，应该替他们念佛，祈愿诸佛菩萨，让他们心地柔软，观念转变。

六、人格完美

有的人说一切宗教都是劝人为善，所以只要心好、人好，就不一定要信宗教，甚至说："心好胜过持斋。"那好像是说，有宗教信仰的人、持斋的人，尚不如心好的人；倒过来说，信仰宗教的人及持斋的人，心不会好，这逻辑是不通的。应该说，信仰宗教和持斋固然好，心好更要紧。心不好当然不好，但是信仰宗教及持斋这桩事，并非坏事。

有人说："我心很好，从来没做过坏事，如果信宗教的能上天堂，而我不能进去的话，我一定要去找上帝理论。"这样的无理取闹，是因为自信心过了头，根本就是骄慢了。好比平民要进总统府，不准进去便要打进去。而上天堂要符合上天堂的标准，好比诸位都上过学校，从幼儿园到大学，都有一定的资格审查，要进公家机构或私人公司任职，也一样都有其标准，乱来硬闯是不成的。

如果把全人格划分成一百格，每一格子都可以说是人格，但要到每一格都满了，才是满一百分，才是最高的标准。如果说人善就有好心，有好心就胜过持斋，持斋的人能生天堂，好心的人更可以生天堂，这是说不通的。佛说若修五戒十善，始得人天福报，这是生天及为人的标准。未达此标准，光是自己说心好，是没有用的。

佛法的最高标准是人成即佛成，那是满分的人格，不但可以生天，进一步出离苦海，再进一步成为菩萨，最后便是成佛。

人伦的建立是在人间，中国人所讲的五伦，是君臣、父子、夫妇、兄弟、朋友。现在有人说五伦的第一伦是封建、腐败。我们不这样讲，因为君臣就是上下，例如国家与人民、上司与下属、老师与学生的关系，假如否定了这些关系，就会变得非常麻烦。主从的关系可能会改变，长幼、上下的关系则不能乱；民主社会的职位可以变换，调整后的关系，仍然有上有下。

佛教徒非常重视伦理关系，居士与僧团的关系，僧团里也有上下的关系，各尽其责，各守其分，便是伦理。有一部《六方礼经》，将世间的伦理说得很清楚，五部大律，则将僧俗七众的伦理说得很清楚。如果否定了伦理关系，社会就会脱序失控，那会出现禽兽不如的世界了。

我是赞成男女平等的，但在美国，有人提倡女权运动，提出女人走出厨房，男人在家看小孩，他们认为男人能做的事，女人都要去做；女人能做的事，男人也都该去做。有位男士便写了篇文章说，他对女士们所有的忙都能帮，就是不能帮女人生小孩。可见，女人与男人，妻子和丈夫，还是各有责任的不同。

真正的平等，便是伦理，应该各安其位，各尽其职。不要把自己的位置丢掉，跑去抢别人的位置。

七、处处净土

佛教的净土在哪里?

第一类是他方的佛国，是在我们的世界之外，尚有无数的佛国净土。诸位都知道在西方离我们这世界十万亿佛土外，有阿弥陀佛的极乐世界；东方有药师佛的琉璃世界。《阿弥陀经》有六方诸佛的净土,《华严经》有十方诸佛的净土。

第二类是娑婆世界的天国净土。从地面向上有二十八天，其中的兜率天，又分外院及内院，外院享天国的天福，内院有弥勒菩萨说法度众生，兜率天的内院称为弥勒净土。

第三类是理想的北俱卢洲。那里风调雨顺，不用辛苦耕作，自然有食物，有天然的房屋，若要休息，在树林中自然垂下枝叶搭成房子和床铺。衣服取自撕下的树皮，也不会有垃圾污染，人们丢弃的东西，地下便有裂缝含藏进去，藏后还合。衣食自然，无忧无虑，也有男女，也生小孩，却没有天然灾害，也没有疾病和战争，虽有死亡而寿命很长。可是正信的佛教徒从不求生那北洲的净土，因为那儿没有佛法。我们的世界将来有弥勒菩萨下降人间成佛，那时有净土，但那是在很久年代以后。如果我们珍惜我们的生活环境，人间净土的理想，也可以逐渐地提早出现。

第四类是我们内心的净土。如果不能把自心中的贪、嗔、痴等种种烦恼放下，我们就不会见到净土。以嗔恨心看到的是罗刹世界，不是净土；以贪欲心看到的是饿鬼世界，不是净土；以怨恨、嫉妒心看到的是斗争世界，不是净土。要放下与不满意、痛苦、不自由、不自在相应的烦恼心，净土就会在我们面前出现。此可用打坐、念佛、诵经、忏悔等方法，使得内心清净，便见处处是净土。

八、人间净土

如何建设人间净土？首先要在每个人的日常生活里去注意、去建设。日常生活就是从早到晚，吃饭、睡觉、上学、上班、买菜、煮饭、待人接物等，做任何一件事时，心要保持安宁、平静，不要毛躁、焦急。在这样的生活中，睁眼闭眼均可看到净土，举手投足都能建设净土。假如我们能给他人感觉安详与安全、慈悲与关怀，那么别人感受到的世界，也相等于净土了。

大家也当以言语来建设净土。讲话不要口无遮拦，不要尖酸刻薄，要用关怀、善意、亲切、尊重的口气待人。同时要向人赞叹佛法，奉劝他人修学佛法，以持戒净身口，以禅定安乱心，以智慧修慈悲。

1990年3月17日讲于台北市北投图书馆

附　　录

圣严法师谈“禅的知与行”

斯碧瑶

应中观寺邀请，前来巴西主持中观寺落成及佛像安座开光盛典的台湾法鼓山创办人圣严法师，于10月29日晚上8点，在中观寺新落成的大雄宝殿中，为近五百位中巴来宾讲解“禅的知与行”，并由年方20岁的赖冠宇担任葡文翻译。

由于圣严法师是著名的学者及禅师，故慕名前来听法的中巴来宾十分踊跃，八点不到，大雄宝殿中的座位即告坐满，后到者只得坐在楼下法堂中，观看电视实况转播。

一、指与月

圣严法师开宗明义地解释了“禅”。他说，禅在中国不代表什么，既不是宗教，也不是哲学，禅并没有要告诉我们什么。他幽默地请大家有个心理准备：“禅没有告诉我们什么，且看看今晚我对大家说些什么？”

他颇富哲理又谦虚地说，禅不是一种哲学，所以不需要逻辑，

因此讲禅或做禅师很简单，可以乱说，人家说“没有”，我说“有”；人家说“有”，我说“没有”，那就是禅。(众人笑)

鱼一定是在水中游，鸟一定要在天上飞，但是禅师却可相反地说。禅师是不是得了神经病，为什么要这样说？不是！因为一般人的常识世界，都不是真的，真的世界不能用语言来表达，所以他讲的和常识的不一样，那是要我们除了常识的世界以外，去看真实的世界。在禅宗有个譬喻：某甲从来没有看过月亮，不知道月亮是什么，就算看到了也不知道。某乙告诉他月亮在天上，但那人连天上是什么都不知道。说的人只好用自己的手指，指着月亮说：“那是月亮。”但没有看过月亮的人却看着他的手指说：“这是月亮?”乙说：“不要看我的手指，要循着我手指的方向看到所指的月亮，天上那个光光圆圆的才是月亮。”由此可见，语言只是表达知识，它只是一种符号。

说到这里，圣严法师微笑着问：“有没有人听不懂?”结果有几个巴西人举手。圣严法师颇具禅意地说，这是“正常”的。因为我讲的不但是中国话，而且是奇怪的中国话，听懂的人“不正常”，听不懂的人才“正常”。

二、禅定与禅宗

随后圣严法师解释“禅定”和“禅宗”。他说，禅定是一般印度的各宗教师修行所通用的，禅宗指的是中国文化的产物。

佛教是自印度传入中国，禅宗则是在中国产生的一个宗派，在印度许多宗教、许多哲学，都不能离开禅定修行，许多宗教师也都有禅定的修行与体验。禅定在印度，它的目的是通过打坐的方法达到身心统一，然后达到环境和自己内在身心的统一，再与宇宙统一，也就是个人与全体统一。平常自己和其他的人是对立的，因此人与人之间会产生摩擦；人和自然环境是对立的，有时也会产生排斥而感到不舒服。我们在宇宙中，似是独立的，所以未感到宇宙的空间和时间原是和我们连在一起的，因此生存的时候不知何处生及何处死，活在世间觉得很渺茫。从禅定的修行经验中，便可知道：人不是单独存在，而是与无限的时间与空间结合在一起的。

从西方的天主教来说，人升天国之后，永远和神在一起，那是天人合一的大一统的全体大我，可是禅宗的立场还要超过这个层次：既没有个人的自我，也没有全体的自我，而是要把执著的自我解开、抛弃，禅宗称它为开悟。

禅首先是肯定自我，然后再超越自我。肯定自我就是要尽自己的责任，超越自我则不只是当尽自己的责任和义务，还要不要求回报。

圣严法师接着又说明中国禅宗和印度禅定修行的不同点。他指出，印度禅定首先要有打坐的姿势，然后把自己的意念集中到方法上，有的持咒，有的观想，使自己的意念集中不散乱，和宇宙统一，如能达到自己和宇宙合而为一，是一种极大的享受。可是，正在用这种方法修行体验进入禅定（三摩地）时，固然是极大的享受，但是出了三摩地时，“我”的累赘还是存在。

中国的禅宗，则主张平常的生活就是修行，不一定要打坐才是修行，而是做什么事都是禅修的过程，所以在日常生活中，行、住、坐、卧四大威仪，就是修行。曾有一位禅宗祖师的弟子问道：“什么是第一代祖师从印度传过来的禅法?”祖师说：“吃、喝、拉、撒、睡就是。”弟子说：“所有的人都会吃、喝、拉、撒、睡，那所有的人都会禅法?”祖师说：“不是，因为那些人吃饭时不是吃饭，睡觉时不是睡觉。”圣严法师解释道：吃饭时头脑在做什么？有些人吃饭时打妄想，睡觉时在做梦。

圣严法师又以自己作譬喻：“今早吃早餐时，主人上了好多道菜，有些菜是熟悉的，其中有一种菜我不知道叫什么名字。不知道名字的菜是不是可以吃？吃的菜是不是一定要知道名字？若站在禅法的立场来说，有没有名字没关系，只要有得吃就好，吃了以后不要去想这菜味道像什么，不要去比较。当头脑在思考、想像这个味道像什么时，心和嘴已在做两样工作，经过我们的头脑思考、比较、想像过后，已不是在吃东西。故禅师要说，一般人吃东西时不是在吃东西。”

在叙述禅宗演变的过程中，圣严法师强调，禅宗成立以前，中国的禅就是印度佛教所修行的禅。所以在中国佛教，禅的方法跟印度佛教一样。佛教的禅要离开自我，不管是主观或客观的自我，都要离开。如果能把身体忘掉，进一步把自我放下，就会有无我的智慧出现。

中国的禅修者，都希望有很深的智慧，有智慧，便能得自在，有智慧就能真快乐。

禅门是智慧之门。中国的禅宗，不一定要人入定，但是要人得智慧，有的人慢慢地得到智慧，有的人很快得到智慧，故禅宗分“渐悟”和“顿悟”，有些人可用“顿”，有些人要用“渐”，就像有人生下来就在有钱人家，可是有人生下来就是乞丐，因此有些人只要给他一点暗示即能得到智慧，有些人则不然。

圣严法师在美国的禅中心，有一位美国青年说：“我要顿不要渐，因为我没有时间。”法师问他要什么？他说：“要智慧，要开悟。”法师说：“顿和渐不在我，在你自己，我已告诉了你，你能不能接受，那是你的造化。”青年希望试一试，圣严法师即说好，对他摇摇手，青年问道：“不行吗?”法师说：“已经给你了，你为什么没有拿下来?”如果自己本身能接受“顿”，时候成熟时，老师给你一个暗示、一个手势，都会开悟；若你时机没有成熟，就算释迦牟尼佛来向你解释老半天，也是没有用的。

接着圣严法师又说了一个故事：有三个人在一起聊天，其中两人是小偷，昨夜曾去偷了人家的东西。其中小偷甲用手指比了一个圆圈，小偷乙就知道说是的金戒子，所以点头领意，第三个人却不知道那两个人在打着什么哑谜。所以悟必须互相熟悉，比一下手势即知道，就是开悟，否则用再多的语言解释也还是不知道。

三、烦恼与智慧

我们的心要随时把自我看淡一点，看轻一点，这样烦恼就较少，烦恼少的人较能开悟。

最后圣严法师告诉大家，如何才能放下自我：把我们的环境和我们自己当作同一件事，我们的身体是一个小的自我，我们生活的环境是一个大的自我，如果有人对你批评、破坏、侮辱，你把它当作是在山谷中，是自己讲话的一种回音，或想这只是声音而已，并没有意义。如果对被批评、被破坏、被侮辱很在意，就会生烦恼，有了烦恼就失了智慧。

所以禅宗第一代祖师菩提达摩将禅法的消息带到中国时，虽仅顿悟一门，有些人很快开悟，有些人却一辈子也不会开悟。不过修行总是可以减轻一些烦恼。如果没有办法开悟的人，就用如下的四个层次来帮助自己：

1. 遇到任何不如意的事，不需要问是什么原因？相信它一定有它的原因，问了之后徒增烦恼，只要处理就好。

2. 遇到不管好的或坏的情况，不要痛苦也不要高兴，因为世间的事是会变的。遇到好的事不要高兴，因为它会渐渐消失；遇到坏的事不要难过，因为它会慢慢变好。

3. 世间的现象，应该是怎么样就是怎么样，不要太违背自然的现象去发展，能努力的必须努力，尽了全力仍没办法，就让它去。

4. 要作一切的努力，要抱着希望。努力过程的本身就是结果，不刻意去追求结果。必须有目标，但那只是一个方向，朝着既定的方向，每走一步都是一个结果。

圣严法师做结语时表示，禅的目的就是增加智慧，有智慧就少烦恼，少烦恼就快乐，所以禅法让我们生活得更愉快。

在为时两小时的演讲中，听众鸦雀无声，只有偶尔夹着大家会心的笑声。圣严法师深入浅出的说明，把“禅”解释得十分清楚，而让许多来宾感到好像已悟得了一些什么，深觉圣严法师果真名不虚传。

巴西《美洲华报》记者斯碧瑶报导，

刊于1993年11月4日该报“侨社新闻”版